무거운 자리에서 분투하시는 당신께
박수를 보냅니다.

_____ 드림

사장이라는 자리

누구도 그 외로움을
짐작할 수 없는

사장이라는 자리

유선영 지음

ć
청림출판

한 그루의 나무가 모여 푸른 숲을 이루듯이
청림의 책들은 삶을 풍요롭게 합니다.

누구보다 열정적이지만
누구보다 위태로운
당신에게

한 해 한 해, 가을은 점점 짧아지는데, 회사 건물 옥상에서 보는 이맘때의 석양도 놓치고 흘려버리고 있네요. 전에 가끔 번아웃을 느낀 적은 있었는데, 요즘은 위험하다 생각될 때가 많습니다. 예민하다고 해야 하나, 말 한마디에도 가시가 있는 저를 발견하는 일이 잦아지네요. 이러지 않았는데…….

저는 이렇게 번아웃 직전으로 내몰린 대한민국의 사장님들을 만나는 사람입니다. 그들의 고민을 나누고 그들에게 필요한 질문과 조언을 드리는 비즈니스 코치입니다.

그들을 만나 가까이에서 지켜보기를 여러 해, 저는 그들의 열정이 결코 평범하지 않다는 사실을 알게 되었습니다. 그 열정은 때로 비이성적이고 분석할 수 없을 만큼 압도적인 에너지를 가지고 있었죠.

한편 그 열정은 한없이 연약하기도 했습니다. 독점시장이나 핵심 특허처럼 세상을 떠들썩하게 만들 획기적인 무엇을 지니지 못한 채 정글에 뛰어들었기 때문일까요. 그래서 그들의 열정은 자주 위태로웠습니다. 그들의 몸과 마음은 점점 지쳐가고 철저한 외로움 속으로 빠져들었습니다.

그러나 그들은 사장이 되기 전의 삶으로 돌아갈 수 없었습니다. 버겁지만 사장이라는 자리를 지키면서 매일 닥쳐오는 장애물과 겨루었고, 끝내 그 자리를 지켜야 하는 이유를 찾고 싶어 했습니다. 과연 혼자서 해낼 수 있을까요? 그들의 열정과 현실의 틈 사이를 메워 줄 누군가의 도움이 필요하진 않을까요?

네, 맞습니다. 그들은 철저히 혼자였지만, 지금과 같은 혼자의 모습으로는 오래 이 자리를 지켜나가기 힘들지도 모릅니다.

누가 위태로운 그들을 도울 수 있을까요? 손꼽히는 경영의 대가나 경영의 신, 혹은 실리콘밸리에서 잘나가는 벤처 투자자라면 가능할까요?

아닙니다. 그들을 도울 수 있는 사람은 '나다움'을 찾고 평온해진 자신뿐이었습니다. 스스로 돕기 위해서는 자신을 만나야 합니다. 그 만남을 위해서는 먼저 바쁜 일상과 비즈니스 환경에서도 독립성을 유지할 수 있어야 합니다. 그러려면 혼자만의 시간을 낼 수 있는 용기가 필요합니다.

이 책이 당신에게 그런 신선한 자극이 되길 바랍니다. 시행착오를 겪을 시간조차 없는 당신에게 '정말로 필요한 것은 자신과의 대면'임을 자주 일깨워 주길 바랍니다. 위태로운 당신에게, 나답고 평온한 모습과 만나는 길을 열어 주길 바랍니다.

그 길은 급박하고 치열한 도심 한복판의 일상에서 벗어나 조용한 예배당으로 들어가는 것처럼, 빨간색 돌담을 돌아 나 자신을 만날 수 있는 곳으로 들어가는 통로가 되어 줄 것입니다. 그곳에서 조용히 경영과 인생에 관한 본질적인 질문을 던져 보기 바랍니다.

이 책이 그렇게, 생산적인 묵상의 도구로 쓰이길 바랍니다. 당신이 이루고 싶은 인생과 기업은 무엇인지, 당신의 기업은 어디를 향해 달려가고 싶은지, 어떤 사람들과 어떤 시너지를 이루며 어떤 방식으로 살아가고 싶은지에 대한 질문과 답을 주고받는 시간이 되길 바랍니다.

'유난군무난국有亂君無亂國.'

나라를 어지럽히는 군주는 있어도 원래 어지러운 나라는 없습니다.

마음속 어지러움을 바로 세울 수만 있다면 당신의 인생과 경영은 조금 더 담대해질 것입니다. 혼자만의 시간 속에서 머리와 마음의 혼란스러움을 가라앉히고, 차분하면서도 힘 있는 목소리로 스스로 물어보십시오.

"나는 이 조직과 후회 없는 인생을 위해 어떤 우선순위를 가지고 전진해 나갈 것인가?"

자신과의 용기 있는 첫 대면을 응원하며, 지치고 외로운 사장님들께 저의 소박한 기도문을 바칩니다.

혼자만의 시간을 위한
기도문

하루에 단 5분 만이라도

외부가 아닌 자신만을 향하는 고요한 시간을 가질 수 있기를

그 시간이, 자신의 재능에 신뢰를 보내고

남의 항아리가 아닌 나의 내면 큰 바다와 교류하는 시간으로 채워지기를

모두가 반대편에 서서 떠들고 있을 때조차

부드럽지만 단호하게 자신의 직관에 귀 기울일 수 있기를

하루의 시작으로 먼저 자신만의 성소를 찾고

그 고요한 시간이 어떤 설교보다

자신에게 이롭다는 사실을 깨닫게 되기를

자기를 신뢰하는 강한 현을 갖게 되면

모든 사람의 마음이 거기에 맞춰 울릴 수 있다는 확신을 가지고

자신의 철학으로 끊임없이 도전하며

나다운 삶을 살아가기를

차례

prologue

1부

사장이라는
자리에서

1

어디를 향해
달려가야 할지
모르겠다면

일류 기업의 비전

기업은 이익을 내야 한다. 그러지 않으면 망할 것이다.
그러나 오직 이익을 내기 위해서 비즈니스를 한다면
그 경우에도 망할 것이다.
왜냐하면, 더는 존재할 이유가 없기 때문이다.

헨리 포드_포드자동차 설립자

올 한 해 저희 회사는 기대를 뛰어넘은 조직이 되었습니다. 120퍼센트 목표 달성이라니, 그동안 고생한 직원들에게도 감사한 마음이 큽니다. 이를 축하하고 격려하는 마음을 담아서 연말에 전 직원과 함께 해외여행을 가기로 했습니다. '상여금이나 더 주지 뭣하러 단체로 해외여행을 가는지 모르겠다'라고 딴죽을 건 직원들도 있었지만 이번 여행에서 무엇보다 비전을 새롭게 정비하는 일에 집중하고 싶습니다.

창업할 때 의욕만 가지고 만들었던 비전이 창업 10년차가 되고 보니 이제는 구태의연해 보이네요. 비전을 재정립할 때 어떤 부분에 신경을 써야 하는지 궁금합니다.

"비전을 찾을 수 없어서……"라는 말을 들어 보셨나요. "성격 차이로 이혼했습니다"라는 말처럼 주변에서 흔하게 들을 수 있는 말입니다. 직장인들이 회사를 옮기는 가장 큰 이유가 바로 이 비전에 대한 갈증에 있습니다. 기업에게나 개인에게나 비전은 이루고자 하는 꿈을 표현하는 말입니다. 또 쉽게 손에 잡히지 않지만 사람의 마음을 모으는 신비로운 힘을 가지고 있죠.

특히 기업에서의 비전은 모든 구성원의 꿈을 담기 위해 쓰입니다. "같이 해 보자!"라고 여럿이 함께 외치는 일, 의지와 열정을 그 외침의 방향으로 모아가는 일은 생각보다 힘이 셉니다. 훌륭한 경영자들은 이 사실을 잘 알고 경영에 활용합니다. 여러 명이 꾸준히 외치면 생각보다 빨리 기적을 이룰 수 있습니다. 그 증거는 위대한 기업의 성공 스토리 속에서 쉽게 찾아볼 수 있습니다.

창업 초기, 많은 경영자가 비전에 집중합니다. 초심을 담아 여러 날 여러 사람이 고심해 가며 만들었을 비전이지만 경영을 하다 보면 비전을 새롭게 정의해야 할 시기가 찾아옵니다. 회사의 경우, 수립했던 비전이 근 시간 내에 달성될 가능성이 크거나 직원들이 비전에 공감하지 못하는 경우가 대표적입니다.

직원들이 회사의 비전을 인지하고 있더라도, 비전이 직원들에게 와 닿지도 않을뿐더러 내 업무와 상관없는 남의 일이라는 생각이 든다면 그 비전은 문제가 있습니다. '비전 따로 업무 따로'의 마음을 갖게 하는 회사의 비전은 이미 죽은 것이기 때문이죠. 밖에서 보기에 그럴싸한 비전을 가진 회사들이 긴 시간과 큰 비용을 감수하고 비전을 다시 수립하기 위해 노력을 아끼지 않는 이유가 여기에 있습니다.

잘 수립된 비전은 스스로 이류라고 느끼는 직원들의 자부심까지 바로 세워줄 수 있습니다. 이런 점을 고려하면 비전 수립은 경영자들이 무엇보다 집중해야 할 과제인 것입니다.

여기 새로운 비전을 수립할 때 참고할 만한 방법론이 있습니다. 가장 일반적이고 오래된 비전 수립의 방식을 보여주는 사례이기도 하죠. 바로 북미 인디언들의 전통 의식인 비전 퀘스트vision quest입니다.

그들은 아동에서 성인이 되는 통과의례로써 영적인 인도와 목적을 구하기 위해 일상에서 떠나는 의식을 갖습니다. 주로 신체적, 정신적 변형이 일어나는 10대의 어느 날 밤으로 낮으로 자연 속에 고립된 채 짧으면 하루, 길면 4일 정도 시간을 보내는 것이죠. 그들에게 비전 퀘스트는 삶의 전환점을 만드는 의식이며, 이 통과의례를 통해 아이는 성인이 되어 부족민의 인정을 받고 한 명의 온전한 사람으로서 부족에 받아들여지게 됩니다. 아이는 야생의 자연 속에서 단식을 하며 계속해서 영적인 질문을 하게 됩니다. 며칠 동안 이 과정을 거치면서 자연의 힘과 실제로 교감합니다. 이 통과의례를 통해 아이는 사회의 책임 있는 어른이 되는 것입니다.

이러한 시도의 취지에 집중해 보십시오. 자신의 삶을 되돌아보고 통합하는 시간을 의식적으로 가져야 한다는 것, 영적인 답을 구하면서 숭고한 시간을 보내려고 하는 취지를 말이지요.

인간이 50대에 죽음을 맞이하던 시절부터 행해지던 의식이라고 본다면 10대는 결코 어리기만 한 시기가 아닙니다. 사람의 길어진 수명과 사람보다 더 긴 호흡을 이어가는 회사의 경영을 생각하면 비전을 재정비하는 시기는 따로 있지 않다고 봐도 무방합니다. 오히려 비전을 재정비하는 의식은 회사가 더 성숙해지는 과정, 일류 기업으로 가기 위한 당연한 과정이라고 받아들이는 것이 자연스럽습니다. 이미 작아져 버렸거나 어울리지 않는 비전을 가지고 일류의 자리를 만들 수는 없습니다.

비전을 재정립하려면 우선 직원들의 마음속에 '내 이야기'로 다가갈 수 있어야 합니다. 직원들에게 비전은 '남의 이야기', '먼 이야기'이기가 쉽습니다. 누군가를 부자로 만들어 주기 위해 내 열정을 불태운다고 느끼는 순간 비전 자체가 주최 측의 세뇌 공작, 정신 교육이라고 생각하는 직원들도 있을 테니까요. 너무 커 보이는 꿈, 닿지 못할 목표를 끊임없이 부르짖는 사장님을 부담스러워 하거나 비정상이라고 치부할 수도 있을 것입니다.

힘 있는 비전을 수립하고자 할 때 던져야 할 질문이 하나 더 있습니다. 생텍쥐페리의 소설 《어린 왕자》의 한 부분에서 가져온 이 질문은 주인공 어린 왕자가 한 사업가와 나누는 대화에 등장합니다.

그럼 아저씨는 별들에게 어떤 유익을 주나요? 나는 꽃 한 송이를 가지고 있고 그 꽃에 매일 물을 줘요. 난 화산도 세 개나 갖고 있는데 매일 청소해 주죠. 내가 꽃이나 화산을 소유하고 있다는 건 그들에게 유익한 일인데, 아저씨는 별들에게 어떤 유익을 주는지 궁금해요.

어린 왕자가 만난 이 사업가는 하루 종일 분주합니다. 사업가의 별을 찾아간 어린 왕자가 인사를 건네도 고개를 들 시간조차 없는 사람이었죠. 사업가는 자신이 피우던 담뱃불이 꺼진 것도 눈치 채지 못한 채 끊임없이 별의 개수를 셌지만, 하루 종일 쉼 없이 별을 세는 이유는 알지 못했습니다. 어린 왕자의 질문에 말문이 막혔죠.

아무리 위대한 기업이라도 회사의 비전은 그 자체로 완벽하지 않습니다. 비전을 향해 달리다 보면 그것이 곧 움직이는 목표물이라는 것을 깨닫게 됩니다. 그래도 사업가는 별을 소유하는 일을 넘어 별에게 주는 유익을 염두에 두어야 합니다. 나 혼자 잘 먹고 잘사는 소유의 문제를 넘어 사람들, 나아가 사회에 줄 수 있는 유익이 무엇인지 고민해야 합니다. 그것은 새로운 비전을 고민하는 경영자의 자부심을 담는 일이며, 사장님과 회사가 존경을 받을 수 있는 지점이기도 합니다. 그것이 일류 기업의 생각이고 비전입니다.

"우리가 제시하려는 새로운 비전으로 세상은 어떤 유익을 얻게 될까?"

"직원들은 어떤 사명감을 가지게 될까?"

비전을 다시 수립하기 전에 먼저 고민해 보기 바랍니다. 그 고민에서 일류 기업의 비전이 태어나기 때문입니다.

2

혁신 또 혁신, 구심점이 필요합니다

영혼이 있는 기업

매일 아침 거울을 보면서 제 자신에게 묻곤 했습니다.
'오늘이 인생의 마지막이라면, 과연 오늘 하려는 이 일을 하게 될까?'
너무 많은 날을 연달아 '아니야'라고 대답하게 될 때면,
저는 무언가 바뀔 필요가 있음을 알게 됩니다.

스티브 잡스_애플 전 CEO

기업의 생존을 위해 혁신 활동을 최우선으로 챙기고 있습니다. 분임조, 혁신팀 등을 구성해서 전 직원이 혁신 활동에 참여하도록 독려하고 있고요. 활동이 해를 더해 갈수록 혁신을 해야 한다는 직원들의 공감대가 넓어지고 아이디어도 제법 많아져서 다행스럽습니다.

그러나 아이디어를 가지고 본격적인 실행의 영역으로 들어서면 자신이 없어집니다. 모두 다 새롭게 바꾸어야 한다는 단순한 생각은 있지만 어떤 기준을 가지고 혁신의 아이디어를 실행으로 옮겨야 할지 모호하기만 합니다. 혁신의 구심점이 무엇인지 어떻게 기준을 잡아갈 수 있을까요?

4퍼센트. 많은 기업이 혁신을 추구하지만, 혁신의 성공률은 오히려 처절합니다. 지난 10년간 더 무섭게 변한 고객과 시장, 걷잡을 수 없이 밀려오는 새로운 위기들을 고려하면 성공적인 혁신을 위한 기업의 처절함이 이해가 됩니다. 어쩌면 그래서 기업들은 혁신에 더 목마르고 종전보다 몇 배 더 빠른 속도로 혁신하고 또 혁신해야 한다는 강박관념을 갖게 되었습니다.

　혁신에서 자유로운 기업은 없습니다. 확실히 경쟁력을 잃은 기업, 지금은 경쟁력이 있지만 곧 잃을 것으로 예상되는 기업, 지금도 경쟁력은 있지만 2위와의 격차를 더 벌리고자 하는 기업 등 그 어떤 기업도 "우리는 혁신하지 않아도 돼"라고 말할 수 없게 되었죠. 그러나 혁신을 시도하고 그 중 일부를 성공하는 것만으로 시장에서 영원히 승리할 수 없습니다. 지속적인 혁신에도 구심점이 필요합니다. 모든 혁신이 성공할 수 없기 때문이기도 하죠.

뼈를 깎는 혁신으로 대기업의 반열에 올랐던 신화 속 회사들이 국민의 조롱거리가 되는 일을 자주 봅니다. 경영 철학이 없는 상속자들이 사리사욕을 채워 가는 과정 속에서 탄탄했던 기업이 워크아웃, 법정관리 상태가 되고 심지어 공중분해되었다는 기사들. 많게는 수천 수만 명의 사람이 하루아침에 일자리를 잃고 지역경제가 무너지는 재앙이 옵니다. 그럼에도 이익은 내가 취하고 손실은 직원들에게, 국가에 떠넘기겠다고 애를 쓰는 경영진을 볼 때면 정말 마음이 무너집니다. 영혼이 없는 기업이 맞이하는 새드엔딩의 피해는 상상 이상입니다.

반면 우리에게 교훈을 주는 또 다른 사례가 있습니다. 끊임없이 혁신하면서도 중심을 잃지 않는 기업, 마윈이 창립한 알리바바는 세상에 없던 비즈니스 모델을 만들어 세상을 놀라게 했습니다. 사업 초기부터 끊임없는 위기에 직면했지만 그들은 혁신을 꾀하면서도 구심점을 잃지 않았습니다. 알리바바의 사업 모델은 사업 초기에 수익이 나지 않았습니다. 시나닷컴, 소호닷컴 등 비슷한 시기에 시작한 경쟁자들이 이익을 내며 알리바바를 앞질러 나갈 때 내부에서는 우리도 그들처럼 고객에게 광고도 하고 중계

수수료도 받자는 목소리가 꾸준히 흘러나왔죠.

그러나 그들은 위기의 순간마다 회사의 철학을 떠올렸습니다. "중소기업이 언제 어디서나 비즈니스를 쉽게 할 수 있도록 돕는 것이 우리의 사명이다. 당장 눈앞의 이익이 아니라 고객을 제대로 도울 수 있는 방법을 끊임없이 고민하면서 혁신해 나가는 것, 그것이 중심이 바로 선 혁신"이라는 소신을 버리지 않았습니다.

회사의 철학에 반하는 혁신을 주장하는 사람들에게는 이렇게 말했습니다.

"우리는 중소기업이 편하게 사업하고 성공하도록 도와주는 인터넷 서비스 기업입니다. 이를 벗어난 사업 확장은 없습니다. 우리의 비전이 맞지 않는다고 생각하는 사람, 우리가 미쳤다고 생각하는 사람은 모두 떠나십시오."

이것이 바로 중심이 바로 선 혁신입니다. 영혼이 있는 기업은 지지 않습니다. 혁신의 중심축이 바로 서 있다면, 그 힘으로 회사는 생존의 DNA를 가지게 됩니다.

생존 DNA가 있는 회사는 슬럼프를 극복해 냅니다. 경영철학을 잊지 않고 꾸준히 혁신과 연결하려는 시도, 기업가정신이 그들을 슬럼프에서 건져 냅니다. 슬럼프가 왔을 때 오히려 그것이 기회였다고 과거를 회상하며 다음의 혁신을 다시 도모할 수 있는 기회로 삼습니다.

영혼이 있는 기업은 지지 않습니다. 휘청거리더라도 이내 꽤를 맞추어 다시 돌 수 있는 힘, 혁신의 구심점이 바로 기업가정신이라는 사실을 잊지 않기를 바랍니다.

3

이름값 하는
신입 직원이
드물어요

인재 채용의 아이러니

리더십에 대한 토론은 보통 능력과 경쟁에 대한 이야기로 시작되지만,
반드시 한 개인의 인격과 성실성에 대한 이야기를 하는 것으로 끝이 난다.
강한 생존력과 최저 이직률, 그리고 근면함을 자랑하는 직원이 종사하는
성공적인 기업들은 분명히 눈에 보이지 않는 무언가를 갖고 있다.
론 P. 시몬스_군사전략가

직원 채용과 퇴사를 끊임없이 바라보는 게 경영인 듯싶습니다. 퇴사한 직원들의 사연을 들으면서 '다음 면접부터는 사람을 제대로 봐야겠다'라는 각오를 다져 보지만 당장 눈에 보이는 스펙, 면접에서의 호감도로 채용 여부를 결정하는 경우가 태반이네요. 그러다 보니 채용 과정의 실수를 후회하는 일이 많습니다. 몇 달 후면 드러날 수밖에 없는 일이니까요. 우리에게 맞는 사람을 제대로 골라낼 수 있는 노하우가 있을까요?

사장님도 저도 이름을 따지는 사회에 살고 있지요. 아이러니하게도 제대로 이름값 하는 사람을 찾아보기 힘든 세상에 살고 있기도 합니다. 대승불교의 논서인 《대승신기론》에서는 '이름에 홀리고 이름에 팔리는 인간의 의식'을 두고 '계명자상^{計名字相}'이라고 부릅니다. 허깨비, 허망한 경계에 서서 실재하지 않는 대상에 이름을 붙이고, 그 이름에 집착하여 여러 가지 번뇌를 일으키는 현대인의 모습을 담고 있다고 느껴집니다.

명문대에 가기 위해 "열심히 공부하자"라고 외치는 학부모와 학생, 이름 있는 회사에 들어간 것을 기준으로 승자와 패자로 구분하는 우리 사회의 기준은 어쩌면 '점수 벌레'를 지향하고 있는 듯합니다. 개성과 재능은 뒷전입니다. 내 점수를 향한 공부, 내 자리를 위한 노력 일색입니다.

이름은 때로 위험합니다. 채용의 신성한 임무를 가진 사람은 이름에 혹해서는 안 됩니다. 이름으로 계산하고 이름으로 헤아리는 세상에서 중심을 바로 잡아야 하는 것이 채용의 1계명이라고 해도 지나침이 없습니다. 스펙, 타이틀 등 그 사람을 수식하는 이름이 화려할지라도 '일 자체는 안중에 없고 자리를 찾기 위해 분주한 사람'이라면 가려낼 수 있어야 합니다. 그러려면 이름 뒷면에 있는 실實을 보기 위해 눈과 귀를 집중해야 하겠지요.

실에 충실한 사람은 '난사람'보다 '된 사람'에 가깝습니다. 그들은 습득이 불가능한 유일한 역량인 성실함을 이미 지니고 있습니다. 성실함은 된 사람이라면 처음부터 가지고 있어야 하는 기본 자질인 것입니다. 또 하나, 된 사람은 진심과 소신을 가지고 있습니다. 흔하고 비슷한 자기소개서 속에서 후보자의 진심과 소신이 담겨 있는지 들여다볼 수 있어야 합니다. 후보자가 성실하게 인생을 대하는지 그 속에 어떤 진심과 소신이 담겨 있는지 알아볼 수 있도록 면접 속 질문을 섬세하게 설계해야 합니다. 부모님을 모시고 살거나 결혼을 해서 자식이 있다면 더 성실하게 일을 해 나가리라는 점도 참고할 수 있을 것입니다.

다음은 주도성입니다. 후보자를 제대로 바라볼 기준이 없는, 준비가 안 된 면접관은 후보자 중에서 질문에 대한 답이 유창하고 활기 있는 사람이 주도적이라고 믿기 쉽습니다. 그러나 주도성의 본질은 따로 있습니다. 삶을 살아가면서 또 업무를 해 나가면서 문제가 발생했을 때, 침착하게 본인이 할 수 있는 일을 모색해 실행에 옮기는 것이 주도성의 본질입니다. 말이 수수하고 차분한 사람도 충분히 주도적인 사람일 수 있다는 생각으로 사람을 살펴야 합니다.

이를 검증하기 위해서 후보자들에게 업무 중에 발생할 수 있는 위기 상황을 미리 부여해 볼 수 있습니다. 직능별, 직급별로 주요 위기 상황을 미리 정리하고 채용에 관여하는 사람들끼리 이견을 조율해 매뉴얼로 만들어 보는 것도 유용할 것입니다. 기존 직원들의 답변을 미리 받아 참고해도 좋습니다.

성실함과 주도성을 갖춘 후보자라면 다음은 일과 자기 자신에 대한 진지함을 살펴봐야 합니다. 일을 단순히 '먹고살기 위한 수단'이라고 생각하는 사람이라면 곤란합니다. 그 사람에게 월급보다 더 중요한 것이 무엇인지 알아내기 위해서는 깊이 있는 대화로 이끌어 가야 합니다.

조건을 내거는 연애는 탈이 나기 마련입니다. 먹고살기 위해 일하는 것이 아니라, 먹고살아야 할 이유가 일이어야 합니다. 연봉부터 얘기하는 사람은 피하되, 자기 가치의 사회적 실현을 위해 정직한 고민을 하는 사람을 찾으십시오. 일과 자신, 둘을 함께 사랑할 수 있는 것이 직업이 있는 사회인의 자존감입니다. 자존감이 있는 친구라면 고객 앞에서 고개를 숙이는 일도, 잘못한 일을 인정하고 다시 처음부터 시작하는 일조차도 거뜬히 이겨 낼 수 있을 것입니다. 일과 자신에 대한 자존감을 가진 사람이라면 사냥꾼의 기질을 가지고 있더라도, 농부의 기질을 가지고 있더라도 그 기질에 따라 적당한 자리로 채용하면 됩니다. 그들은 역경이 닥쳐와 벼랑으로 굴러떨어져도 언제나 고양이처럼 부드럽게 착지할 테니까요. 지금은 화려한 스펙을 갖고 있지 않더라도 이런 젊은이들은 이름만을 위해 일하려는 인형 같은 젊은이 100명과 맞먹는 가치가 있습니다.

성실, 주도성, 자존감과 같은 기본적인 조건을 갖춘 인재라면

마지막으로 기업이 추구하는 가치와 잘 맞는 사람인지를 알아봐
야 합니다. 기업 역시도 자신에 대한 진지한 고민이 필요합니다.
다른 기업의 채용 공고를 한번 볼까요. 각자의 업에 대한 고민과
소신이 담겨 있습니다.

'모범생은 사양합니다!'
영국계 증기 관련 기업 스파이렉스 사코는 좋아하는 과목에
서 A를 받고 싫어하는 과목은 F를 받은 사람이, 전 과목 A학
점을 받은 사람보다 더 창의적이고 잠재력이 크다는 소신을
가지고 있습니다.

'목소리 큰 사람, 밥 빨리 먹는 사람!'
긴 불황 속에서도 모터 하나로 세계를 평정한 일본전산은 큰
목소리로 말할 수 있는 사람은 자신감이 있을 뿐 아니라 실
수했을 때도 반성이 빠르다고 생각합니다.

'다정한 사람을 찾습니다!'
일의 즐거움, 가족적인 분위기, 고객뿐 아니라 직원 만족도까

지 강조하는 독특한 기업 문화를 가진 사우스웨스트 항공은 이처럼 자신들의 기업 문화에 맞게 채용 공고를 냅니다.

사람을 제대로 본다는 것은 정말 어려운 일입니다. 한두 번의 기회만으로 사람을 제대로 보기는 불가능한 일일지도 모릅니다. 채용이 어려운 이유겠지요? 그러나 기업 채용에 참여하는 사람들이 꾸준히 고민하고 우리다운 기준을 마련한다면 시행착오를 줄이고 다른 기업이 보지 못하는 인재를 건져 올릴 수 있습니다.

사장님이 바라는 좋은 사람을 맞이하는 데는 행운이 아니라 노력이 필요합니다. 성실한 직원으로 인해 감동받았던 일, 능력이 출중한 직원을 통해 회사가 성장할 수 있었던 경험은 위대한 기업이 되는 데 꼭 필요한 요소들입니다. 머릿속에만 있는 우리 회사의 인재를 얻기 위해 어떤 소신을 품고 준비해야 할지 고민해 보기 바랍니다.

4

리더의 자리에
누구를
앉혀야 할까요

선수와 기수의 차이

리더가 반드시 기억해야 할 원칙이 있다. 스스로 공로를 세우려 하거나
금메달을 따려고 하지 말라는 것이다.
사실 구체적으로 보이는 공로는 작은 것에 지나지 않는다.
리더는 작은 공로에 연연하지 말고 '금메달리스트'를 기르고
'단체 금메달'을 따는 등 큰 공로를 세우는 데 주력해야 한다.

후웨이훙·왕따하이_《노자처럼 이끌고 공자처럼 행하라》 중에서

새로운 각오로 영업팀을 보강했는데, 새 팀장 자리에 누굴
앉혀야 할지 고민입니다. 후보자로 두세 사람을 염두에 두면
서 여러 가지 가설을 세우고 있습니다. 입사 이후 지속적으
로 주목할 만한 성과를 내왔던 A, 동료들에게 두터운 신뢰
를 얻고 있는 B, 큰 조직에서 경험이 풍부한 C까지…… 누
구에게 고삐를 맡겨야 할까요? 어떻게 결정을 해야 후회 없
는 선택이 될지 조언을 부탁합니다.

팀은 성과 창출의 중요한 단위 조직이며, 어떻게 구성되느냐에 따라 성공과 실패가 나뉜다고 해도 과언이 아닙니다.

　관리자를 일컫는 매니저라는 단어는 원래 라틴어에서 '말을 타다'라는 의미였습니다. 유럽의 귀족 계급이었던 기사는 말을 탈 때 고삐를 쥐어 자기보다 훨씬 크고 힘이 센 말을 자유자재로 다뤘다고 합니다. 이렇게 라틴어로 '손'을 의미하는 'Mano'에서 말을 다룬다는 뜻의 '매니지Manage'라는 단어가 생겨났습니다. 말은 스스로 방향과 속도를 결정하여 달리지 못하고 기수의 영향을 받는다는 의미가 포함되어 있기도 하지요.

　이처럼 매니저, 즉 팀장은 혼자서 잘 달리는 말이 아니라 말이 잘 달릴 수 있도록 이끌고 돕는 존재여야 합니다. 후보들을 바라볼 때 가장 먼저 적용해야 할 기준이 바로 그것입니다. 물론 리더가 되기 전에 어떻게 일해 왔는지는 무시할 수 없는 사항입니다. 성실한 사람인지, 전략적으로 일하고 있는지, 회사에서 중요하게 생각하는 가치에 합당한 사람인지와 같은 기본적인 평가 기준을 통과한 사람이라는 전제 아래 기수인지 선수인지에 대한 질문을 던져 보는 일이 절차에 맞겠지요.

각 후보자에게 "기수인가? 선수인가?"라는 질문을 던져 보십시오. 대답이 바로 나오기 어렵다면 어느 후보자가 더불어 일할 줄 아는 사람인지 점검해 보시는 것도 좋은 방법입니다. 성과라는 숫자 뒤에 다른 사람들과의 협업에서 성향이나 인격을 둘러싼 뒷말이 많거나 트러블이 자주 발생했던 사람이라면 기수라고 할 수 없습니다. 같이 일했던 동료들과 면담을 해 보는 것도 좋습니다. 그들이야말로 후보자가 협업할 때의 업무 스타일은 어떠한지, 장단점이 무엇이며, 팀의 몰입을 끌어낼 수 있는 인물인지에 대해 가장 정확한 정보를 줄 수 있는 사람들이기 때문입니다.

협업보다 본인 위주의 업무 스타일을 상대에게도 강요하는 사람이거나 아예 혼자 하는 게 편하다고 어울리지 않는 사람이라면 배제하는 것이 좋습니다. 부정적인 상호 작용은 긍정적인 상호 작용보다 훨씬 강력하게 전염된다는 것을 명심하십시오.

업무적인 소양을 기본으로 갖추고 있는 후보군이라면 긍정적인 상호 작용이 가능한 사람이어야 합니다. 리더의 기본 소양과 인격을 지니고 있어야 합니다. 팀장이 팀원들의 몰입을 통해 그들의 성과를 극대화해야 하는 역할이라는 것을 생각한다면 더욱 그렇습니다.

부정적인 상호 작용을 하는 사람은 조직의 가치에 반할 가능성이 높습니다. 조직 대부분이 추구하는 가치는 상식과 상호 간의 신뢰를 기반으로 합니다. 성과가 좋은 사람이 부정적인 기운을 내뿜고 있다면 이는 성과가 좋지 않은 사람의 것보다 몇 배 빠른 속도로 조직이 원하지 않는 방향으로 직원들을 끌어당긴다는 사실을 잊어서는 안 됩니다. 그 카드는 과감하게 버려야 합니다. 급진적으로 그들을 배제할 수 없다면 성과는 직책이 아닌 돈으로 보상하고 다른 직원들과 거리를 두게 하는 것이 해결책입니다.

실적 위주의 승진이 되풀이되면 현재 직위의 일을 제대로 감당하지 못하는 사람들만 조직의 각 계층에 남는 상황이 발생합니다. '피터의 법칙Law of Peter' 혹은 '무능력의 법칙'으로도 불리는 이 현상과 같이 대다수 조직 구성원은 무능이 드러날 때까지 승진하려는 경향을 가지고 있습니다. 대부분 사람은 자신의 역량

유무와 상관없이 관리자가 되기를 바랍니다. '나는 특정 분야의 업무를 잘해냈고 그것을 인정받아 승진하는 것은 당연하다. 이 노하우를 강화해서 관리자가 되고 점점 더 높은 직위로 올라가도록 힘써야 한다'라는 속마음은 욕심이 과한 일부 직원들만의 생각이 아닙니다.

실적만 좋은 사람에 대한 주목할 만한 연구 결과가 있습니다. 스탠퍼드대학교의 연구진이 주목했던 이 연구는 성과가 좋지만 부정적인 행동을 지속하는 영업직원을 해고한 사례였습니다. 한 의류업체에서 단행한 이 해고 사례는 기존의 실적이 떨어질 것이라는 우려를 깨고 매장 전체 매출이 거의 30퍼센트나 증가하는 결과를 보였습니다. 해고한 직원만큼 좋은 실적을 내는 직원은 없었지만 팀의 달라진 업무 분위기가 성과로 연결되었죠. 연구진은 "팀 전체의 성과에 악영향을 미치던 해당 직원이 해고된 후 직원들이 최선을 다할 수 있게 되었기 때문"이라고 최종적으로 결론을 지었습니다.

유능하지만 파괴적인 행동을 보이는 직원을 '해고하기에는 너무 아까운 선수'라고 생각한다면 이들이 미칠 수 있는 악영향을 과소평가하는 것입니다. 그들의 불편한 행동이 용납되지 않는 문화를 만들기 위한 진지하고 적극적인 노력이 필요합니다.

나 혼자 잘 달리는 사람은 선수입니다. 내 발로 걸어 다니는 것과 말을 타고 움직이는 것은 상황이 다릅니다. 걸어서 다니던 시절의 경험과 방법으로는 말을 탈 수 없습니다. 나보다 힘이 센 말조차도 잘 따라올 수 있도록 분위기를 만들 수 있는 사람이 바로 팀장의 자질을 갖춘 후보입니다. 팀 운영은 개인 경기가 아닌 단체 경기이기 때문이지요.

말을 탄 사람은 보폭이 크지 않아도 천 리를 갈 수 있습니다. 배를 타고 노를 젓는 사람은 수영하지 못해도 무사히 강을 건널 수 있습니다. 팀장의 임무를 흡족히 수행해 낼 수 있는 사람, 후보자 중에서 누가 선수이고 누가 기수입니까? 날이 선 기준으로 판단하기 바랍니다.

5

외부 전문가,
어떤 사람이
우리와 맞을까요

교집합과 여집합의
시너지

인간은 타인의 경험을 통해
배울 수 있다는 점에서 동물과 다르다.
그러나 동시에 타인의 경험을 통해
배우기를 꺼려한다는 점도 놀랄 만한 사실이다.
더글러스 애덤스_영국의 소설가

내 사람이 필요합니다. 30년 전 아버지께서 창업한 회사지만 제가 본격적으로 경영 일선에 서게 되면서 아버지와의 성격 차이, 트러블이 커지고 있습니다. 아버지는 회사를 저에게 물려준 지 근 10년의 세월이 흘렀는데도 아직까지 회사 전반에 깊은 관여를 하고 있는 상황이고요. 최근 저와 오랫동안 파트너 관계를 유지해 왔던 외부 전문가를 고위 임원으로 채용하려는 과정에서 창업자인 아버지와 큰 언쟁을 벌이게 되었습니다. 저는 직원들 앞에서 자존심이 많이 상했습니다. 이야기가 통하지 않는 1세대 직원들에 대한 아쉬움도 있고요. 계속 시비를 거는 아버지에 대한 섭섭함을 표현할 생각입니다. 결국 아버지의 허락을 구하지 못해도 제가 의지하고 있는 외부인사의 영입을 추진할 겁니다.

성공한 창업자들은 대부분 자존심이 센 사람들입니다. 이런 분들에게는 외부인의 도움을 받는다는 것 자체가 이상하게 여겨질 수도 있습니다. 문제를 파악하고 이를 해결하는 자신의 능력에 대한 강한 확신은 회사가 처음 시작될 때에는 큰 도움이 됩니다.

　그러나 사업이 커질수록 창업자가 가지고 있지 않은 경험, 전문성, 네트워크가 필요한 시기가 찾아온다는 사실을 잊어서는 안 됩니다. 이럴 때 외부 전문가를 통해 검증된 조언을 구하려는 시도가 필요하고 기준을 점검해 볼 필요가 있습니다. 당장 눈앞에 발생하는 비용에 대한 부담을 피하겠다고 생각하거나 덮어놓고 외부인을 불신하는 태도는 위험합니다. 우리끼리 해 보겠다는 지나친 무리수를 둔다면 소중한 시간과 자원을 낭비하고 직원들을 지치게 할 겁니다.

　많은 컨설턴트가 공감하는 '가장 돕기 힘든 회사'는 어떤 회사일까요? 사장이 외부에서 진행되는 교육에 참여하고 전문가의 자료를 확보해 스스로 해 보겠다는 아집을 부리다가 성과는커녕 혼선을 야기하는 경우입니다. AS가 안 되는 지경에 이르러서야 전문가들을 애타게 찾는 상황이죠. 이는 시사하는 바가 큽니다.

경영 대가들은 외부 조력자의 역할을 '비계Scaffold'에 비유합니다. 비계는 원래 건축공사 때에 인부들이 자재를 운반하거나 이동하는 통로로 활용하도록 긴 나무 등을 써서 설치하는 임시 지지대를 말합니다. 인부들은 이 지지대를 통해 허공에서 더 높은 층으로 도약할 수 있는 기초 작업을 해 나갑니다.

사장님은 이 지지대라는 말에 주목해야 합니다. 외부 전문가를 통해 내부적으로 부족한 부분을 도움 받은 뒤에는 그들이 빠져나간 후에도 유지될 수 있는 기반을 마련해야 한다는 점을 얘기하고 있기 때문입니다.

나무를 옮겨 심을 때 처음에는 나무 혼자 설 수 없기에 지지대의 도움을 받아야 합니다. 그러나 지지대의 도움을 백분 활용한 나무는 얼마의 시간이 지나면 새로운 토양에 뿌리를 단단히 내려 더는 지지대의 도움을 필요로 하지 않습니다. 이처럼 외부 조력자의 도움을 받을 때는 자체적인 실행을 전제해야 합니다. 외부 조력자가 빠진 다음에 어떻게 잘 설 수 있을지 고민해야 하는 것이죠. 외부 조력자가 빠진 후에도 그 역할을 해낼 수 있는 사람을 준비해야 합니다.

딱히 내부에 적임자가 없다면, 전담팀을 꾸려 외부 조력자와 협업할 수 있는 구조를 만들어야 합니다. 제대로 된 지지대, 홀로 서기를 철저히 준비하고 있는 나무가 있다면 외부 전문가의 역량은 곧 우리의 근육이 되어 스스로 활용할 수 있게 됩니다. 그러고 난 뒤 외부 조력자는 자연스럽게 퇴장하면 될 일입니다. 본인의 역할 없이도 문제를 스스로 풀어갈 수 있는 구조가 만들어질 테니 회사 자체적으로 잘 돌아가도록 돕는 일로 그가 맡은 임무를 마무리하면 되는 것이지요. 비계를 잘 활용하는 기업은 무게 중심을 지지대에서 나무로 옮겨 오는 일도 잘 해낼 수 있습니다.

그러나 외부 조력자와의 협업에 앞서 우선 확인해야 할 사항이 있습니다. 경영 철학을 같이 공유할 수 있는 사람인지 판단하는 일이 바로 그것입니다. 외부 조력자와 협업을 시도한 70퍼센트의 기업이 가치 충돌로 제휴를 종료한다는 사실이 이를 증명합니다. 아무리 좋은 학벌과 화려한 스펙, 풍부한 경험이 있더라도 외부 조력자가 기업과 다른 철학을 가지고 있다면 협업은 실패합니다.

경영에 대한 철학을 공유하면서도 전문성을 가지고 새로운 시각으로 회사를 들여다볼 수 있는 역량이 바로 훌륭한 외부 조력자의 조건입니다. 동료집단 네트워크, 이사회, 고문단, 투자자, 고객, 협력업체, 대학교 등 매우 다양한 외부 조력자의 유형이 있습니다. 하지만 그 유형이 무엇이든, 핵심은 철학과 전문성이 함께 궤를 맞춰 나갈 수 있느냐 하는 점입니다. 그것이 단순히 회사가 발의한 내용을 승인하는 유명무실한 이사회가 아니라, 경영진과 함께 적극적으로 고민하고 이슈를 제기할 수 있는 이사회나 고문단을 가지고 있는 기업의 경험입니다.

우리 회사를 다른 각도에서 봐줄 사람이 필요했습니다. 같이 작업한 덕분에 경영진을 재구성할 수 있었고 또한 각자 최선을 다해 일할 수 있게 되었습니다. 외부에서 좀 더 신선한 시각으로 회사를 봐주지 않았다면 우리만의 힘으로는 이렇게 할 수 없었을 것입니다.

인간은 타인의 경험을 통해 배울 수 있다는 점에서 동물과 다릅니다. 그러나 동시에 타인의 경험을 통해 배우기를 꺼려 한 다는 점도 놀랄 만한 사실이지요. 가장 똑똑하고 훌륭한 사람들, 회사의 성공에 기여할 수 있는 사람들로 이사회를 구성하십시오. 고객도 외부 조력자를 중요하게 여깁니다.

확고한 기준으로 외부 조력자를 선택하여, 기업이 어려운 일 에 직면했을 때 기댈 수 있고 지원해 줄 수 있는 사람과 함께 위 기를 뚫고 나갈 수 있는 방법을 고민하십시오. 스스로 풀지 못했 던 문제를 함께 풀어나갈 수 있는 든든한 파트너와 시너지를 낼 수 있을 것입니다.

6

생존하는 리더십, 원칙이 뭘까요

죽음의 두 장면

직원들의 환심을 사는 가장 좋은 방법 중 하나가
당신의 무지나 약점을 솔직히 인정하는 일이다.
그럼으로써 당신에게는 전문성을 나눌 수 있는 문이 열리며 동시에
당신은 직원들의 치어리더이자 후원자, 격려자가 된다.
캔 블랜차드_캔블랜차드컴퍼니 회장

제일 잘나가던 임원이 인사위원회에 회부되었습니다. 짧지 않은 기간 동안 협력사에게 뇌물을 받아 왔더군요. 입찰에 필요한 정보를 제공하는 대가였습니다. 내부의 익명 제보를 통해 혐의가 드러났고 본인도 인정을 한 상황입니다. 권고사 직 절차를 밟게 되었는데 이를 바라보는 리더들, 부하 직원 들의 시선이 걱정입니다. 상황을 잘 정리해서 직원들에게 교 훈을 주고 싶은데 어떻게 접근하면 좋을까요?

늘 A학점을 받던 학생이 퇴학을 당했군요. 특별한 신화를 가진 리더의 퇴장은 평범했던 리더의 퇴장보다 더 씁쓸하기 쉽습니다. 작은 구멍가게를 키워 대기업의 반열에 올렸던 신화 속 리더, 신입사원으로 입사해 사장의 자리까지 올랐던 신화 속 주인공, 기업인으로 성공해 정치적으로도 권위 있는 자리에 올랐던 신화를 가진 리더들을 우리는 기억합니다. 횡령, 배임, 조세포탈 등 그들의 연관 검색어를 바라보면서 신화 뒤에 숨겨졌던 리더들의 양면성에 실망했을 팔로어들이 그려집니다. 스스로 최고의 자리를 쟁취했고 시대의 리더라고 불렸던 그들의 현재를 바라보는 우리의 마음은 씁쓸합니다.

신화를 원하던 시대는 갔습니다. 직원들은 더는 연극처럼 꾸며진 얼굴을 보여 주는 리더가 아닌 삶으로 증명하는 리더십을 기대합니다. 성과 창출의 결과뿐 아니라 삶의 과정에서도 실망시키지 않겠다는 진심을 리더에게서 전달받고 싶어 합니다. 리더 당신에게는 어떤 진심이 있습니까? 자신에게 관심을 가지고 자신을 잘 알기 위해 많은 시간을 투자하고 있습니까? 그래야 합니다. 리더 자신을 제대로 아는 것에서부터 나다운 진짜 리더십이 시작되기 때문입니다.

리더십이 나다움에서 출발할 수 있다면, 누군가의 리더십을 답습하고 내 것인 양 연극을 할 필요가 없습니다. 철강왕 앤드루 카네기는 '자기보다 더 우수한 사람을 어떻게 다뤄야 하는지' 알던 본인의 타고난 강점을 활용해 직원들의 생산성을 높이고 목표를 달성해 나갔습니다. 그는 죽음으로 가는 순간까지 자신의 모습에서 답을 구했습니다. 그의 묘비명에는 리더로서 자신을 성찰했던 생을 대표하는 한 문장이 적혀 있습니다.

자기보다 현명한 사람들을 곁에 모아둘 줄 아는 자,
이곳에 잠들다.

2016년 축구계를 달구었던 팀, 레스터 시티의 리더십 역시 그러했습니다. 감독 클라우디오 라니에리는 우승 확률 5,000분의 1로 점쳐지는 이른바 시시한 팀을 맡았지만 팀의 사기를 끌어올리기 위해 그가 가진 정다운 기질을 백분 활용했습니다. 본인의 집에 선수들을 초대해 직접 만든 음식을 대접하고 개인적 고민을 나누며 신뢰를 쌓았습니다. 선수들은 각별하게 쌓인 신뢰 덕에 강한 훈련에서도 잡념 없이 몰입할 수 있었습니다. 활활 타오르는 내면의 불을 찾도록 동기를 부여한 일이 창단 132년 만에 첫 영국 프리미어 리그 우승이라는 새로운 역사를 써낸 것입니다.

나다운 리더십에 대한 실마리를 찾았다면 출정을 위한 배에 올라야 합니다. 남극점을 향해 달렸던 두 리더 아문센과 스콧이 그랬던 것처럼 말이지요. 1911년 10월, 두 팀의 탐험대가 역사상 최초로 남극점을 정복하기 위한 원정에 나섰습니다. 한 팀의 리더는 북극으로 가는 북서항로를 개척한 39세의 로알 아문센이었고, 다른 한 팀의 리더는 남극원정대를 이끌고 남위 82도까지 도달한 경험이 있던 43세의 로버트 스콧이었습니다. 남극점을 정복하고자 하는 열정을 가득 품고 두 사람은 남극으로 향하는 배에 올랐습니다.

그러나 결과는 정반대였습니다. 아문센은 최초로 남극점을 정복하는 영광을 누렸지만, 스콧은 매서운 추위와 굶주림 속에서 팀원들과 함께 죽음을 맞고 말았습니다. 비슷한 시기에 떠난 두 사람의 결과가 이토록 대조적이었던 이유는 무엇이었을까요?

그것은 원칙과 실행의 차이였습니다. 목표 달성을 위해 현장을 철저히 파악하고 준비해야 한다는 원칙을 세워 실행으로 옮겨 냈던 리더와 그렇지 못했던 리더의 결과는 다를 수밖에 없었지요. 아문센은 남극에서 벌어질 수 있는 극한의 상황에 대비하여 자신의 심신을 단련하고, 탐험대를 안전하게 이끌기 위한 현장 지식을 쌓기 위해 노력했습니다. 탐험을 떠나기에 앞서 에스키모들과 함께 생활하며 매서운 환경에서 수백 년을 살아온 그들의 지혜를 현장에 적용하는 치밀함을 보이기도 했습니다.

반면에 스콧의 원칙은 머릿속에만 있었습니다. 에스키모들과 생활하며 추위 속 생존법을 배울 수 있었지만, 그렇게 하지 않았습니다. 에스키모의 조언에 따라 썰매개를 선택한 아문센과 달리 스콧은 이동수단으로 모터 썰매를 선택했습니다. 모터 썰매는 썰매개보다 빠르고 지치지 않는다는 장점이 있었지만, 그가 선택한 모터 썰매는 남극처럼 극한의 상황에서 제대로 작동하지 않았습니다. 이로 인해 스콧과 그의 팀들은 엔진이 고장 난 무거운 썰매를 직접 끌면서 눈길을 헤치고 걸어가야만 했습니다.

아문센과 스콧의 각기 다른 원칙은 식량을 저장하는 과정에서도 차이가 났습니다. 식량 저장소에만 깃발을 꽂아 둔 스콧과 달리 아문센은 식량 저장소 외에도 총 20개의 깃발을 저장소 양쪽으로 1마일마다 설치했습니다. 눈 폭풍을 만나 진로를 잃어버리는 상황에 대비하여 시야를 확보해 놓는 것이 중요하다고 판단했기 때문입니다. 심지어 아문센은 돌아오는 길에 남은 거리를 정확히 파악할 수 있도록 0.25마일마다 쓰고 남은 포장 용기로 표시를 하고, 8마일마다는 검은 깃발을 매단 대나무 장대를 꽂아 두었습니다.

1911년 12월 15일, 마침내 아문센은 남극점에 도달하는 데 성공했습니다. 아문센은 그 자리에 자신의 조국인 노르웨이의 깃발을 꽂았고, 팀원들과 함께 건강한 모습으로 무사히 귀환했습니다. 그러나 스콧은 그러지 못했습니다. 식량 저장소를 찾지 못한 스콧의 탐험대는 추위와 굶주림 속에서 쓰러지고 말았습니다. 식량 저장소를 불과 16킬로미터 앞두고 생명의 끈을 놓을 수밖에 없었던 것입니다.

여러분의 리더로서의 목표는 무엇입니까? 당신은 어떤 퇴장을 꿈꾸고 있습니까? '모로 가도 서울만 가면 된다' 혹은 '끝이 좋으면 다 좋다'라고 생각하는 사람은 진짜 리더가 될 수 없습니다. 인생을 채우는 것은 결국 하루하루이며, 매일 만나는 상황과 관계 속에서 삶의 과정을 고스란히 보여 주어야 하는 것입니다.

메멘토 모리Memento Mori. 죽음의 두 장면을 기억하십시오. 당신은 죽음 앞에서 어떤 리더의 모습을 묘비에 담을 수 있을지, 남극과 같이 매서운 경영 환경에서 팔로어들의 생존을 위해 어떤 원칙을 갖고 그들을 이끌어 나가야 할지를 말입니다. 그것이 바로 당신만의 리더십, 그 본질이 될 것입니다.

7

임원답지 않은 임원,
어떤 역할을
주어야 할까요

임원의 조건

병목-Bottleneck 은 항상 병 위쪽에 있다.

피터 드러커_경영사상가

저를 도와 10년 넘게 회사의 중책을 맡았던 임원이 갑자기 퇴사를 하겠다고 하네요. 그 임원은 회사의 주요 고객 대부분에게 큰 영향력을 발휘하고 있고, 그를 믿고 합류한 리더들이 주요 팀장으로 포진해 있는 상황이라 회사의 큰 축이 흔들리는 느낌입니다. 붙잡고 싶은 마음, 또 한편으로는 새 술을 새 부대에 담고 싶은 마음, 두 가지가 팽팽하게 맞서고 있네요. 어떤 결정을 내리는 것이 좋을까요?

얼마 전 긴 시간 고민하던 조직 개편을 앞두고 새로운 역할을 부탁했다가 그 역할을 좌천이라고 받아들이는 임원 때문에 서운했다는 후기를 전해 들었습니다. 사장님이 여러 번 설득을 시도한 것으로 알고 있습니다. "강을 건널 때 꼭 필요했던 배지만 이제 산을 올라야 하는 우리에게는 짐이 되지 않겠느냐?" 하며 저에게 임원의 역할에 대한 고민을 나눴지요.

　임원을 흔히 '직장 생활의 별'이라고 합니다. 임원의 DNA가 따로 있다고도 하고 임원이 되는 것을 직장 생활의 최종 목표라고 말하는 사람도 있습니다. 그렇다면 임원이 될 사람과 그렇지 못할 사람을 구분하기 위해 우리는 어떤 부분을 주목해야 할까요.

　임원은 먼저, 나무가 아닌 숲 전체를 바라볼 줄 알아야 합니다. 군대의 계급을 들여다보면 위관장교에서 영관장교를 지나면서까지는 각 병과의 인재상으로 우열을 가리다가도 장군이 되면 병과가 없어진다는 것을 알 수 있습니다. '제너럴General'이라는 단어의 어원이 '일반'과 '보편'의 의미를 아우른다는 사실에 힌트가 있습니다. 스페셜리스트로서 한 분야에서 전문성을 가지기 위해 좁고 깊게 일하던 사람도, 임원이 된 후에는 제너럴리스트로서 넓게 볼 수 있는 시각을 갖추어야 한다는 의미를 포함하고 있기 때문입니다. 임원의 역할을 잘 해낼 수 있는 사람은 실무자에서 임원으로 빠른 시간 안에 시각의 전환을 할 수 있는 사람입니다. 그러기 위해서는 후보자 시절부터 끊임없이 임원의 역할에 대해 의견을 나누고 후보자의 그릇, 적합성을 판단하는 인내심이 뒷받침되어야 하겠지요.

다음은 문화적 고비를 넘어야 합니다. 대기업 출신의 인재를 영입하는 경우라면 특히나, 기존 직원들과의 융화라는 숙제를 잘 풀어낼 수 있는지 들여다봐야 합니다. GE가 새로 영입한 임원들을 대상으로 운영해 온 '임원 동화 프로그램'에서 힌트를 얻을 수 있습니다. 기존 직원들과 새로 영입된 임원이 정기적으로 만나 각자의 애로사항과 상대방에 대해 가지고 있는 질문을 격 없이 나누고 비전과 업무 스타일에 대한 간격을 좁혀 나갈 수 있도록 조직적으로 지원해 준 사례입니다.

역할과 문화에 대한 고비를 넘었다면 임원은 이제 매일의 업무현장 속에서 하나의 사례로서 사람들을 이끌어낼 수 있어야 합니다. 솔선수범Leading by example 사례로 증명해 내야 합니다. 사장님의 생각을 머리로 마음으로 충분히 이해하고 소신을 더해 논의할 수 있어야 하며, 회사에서 부르짖는 우선순위 가치에 맞게 직원들은 어떻게 일해야 하는가에 대해 부단히 고민해야 합니다. 회사의 핵심가치가 '정정당당한 실행'이라면 임원은 협력업체들을 쥐어짜기 위한 업무지시를 하는 일이 있어서는 안 됩니다. '정직'이 회사의 핵심가치라면 폭우 속에 시스템이 파손되어 유해물질이 강물로 흘러들어 갔을 때에도 누구보다 먼저 정직하게 그 사실을 보고해야 합니다.

임원은 회사가 위대한 기업이 될 수 있도록 최전방에서 승리를 이끌어야 하는 사람들입니다. '우리 회사가 위대한 기업이 될 가능성은 얼마일까'에 대해 알아보는 간단한 방법이 있어 소개합니다. 글로벌 컨설팅회사인 맥킨지에서 기업과의 협업에 앞서 실행해 보는 도구이기도 합니다.

회사의 임원급과 중간관리자, 주니어 중 한 사람씩을 무작위로 선별해 '최근 회사에서 가장 중요한 화두가 무엇인지' 물었을 때 어떤 대답을 하느냐가 바로 그것입니다. 그들은 어떤 대답을 할까요? 세 가지의 답변이 같은 이슈로 정리되어 나올 확률이 얼마나 될까요? 임원이 이를 위해 어떤 역할을 해야 할지 머릿속에 그려진다면 좋겠습니다.

일본의 한 기업은 이러한 임원의 역할에 주목하고 특별한 제도를 도입했습니다. 2년에 한 번씩 임원을 교체하는 것입니다. 이 회사는 최초 임원을 8명으로 선정하는데, 일반 직원 중 잠재 임원을 18명 선정하고 그중 가장 적합하다고 판단된 2명이 2년에 한 번씩 임원으로 임명됩니다. 기존 8명의 임원 중 2명이 2년에 한 번씩 대체되는 구조를 만든 것입니다.

이 혁신적인 구조는 제1회 HR 챌린지 어워드에서 1위를 차지한 '사이버 에이전트'의 사례입니다. 새로운 관점의 아이디어를 충전할 수 있고 직원들이 회사에 갖는 관심, 업무 만족도를 상승시킨다는 장점이 빛나는 사례입니다.

기존의 임원들조차 조직에서 필요로 하는 더 적합한 포지션으로 자유롭게 자리를 옮길 수 있다는 점, 누구나 임원이 되어 회사에 더 큰 기여를 할 수 있다는 점이 임원들과 직원들의 만족도를 함께 높였습니다. 기존 임원과 새로운 임원 후보자들 모두에게 기회를 열어 준 셈이지요. 임원의 역할이 제대로 수행될 수 있도록 돕는 회사만의 제도가 있다면 임원진은 한층 탄탄해질 것입니다.

마지막으로 퇴사를 결심한 임원에게 새로운 역할과 이를 뒷받침해 줄 제도를 가지고 다시 한 번 마주앉아 보십시오. 그리고 새로운 역할을 좌천이라고 받아들이는 임원에게 이렇게 메시지를 전해 보십시오.

"당신은 지금까지 길고 험한 강을 무사히 잘 건너왔지만, 이제부터는 에베레스트를 등정해야 합니다. 어제의 배를 버리고 오늘부터는 새로운 출발선에 저와 함께 서 주었으면 합니다"라고 말입니다.

8

부정적인
침묵을
깨고 싶습니다

건설적인 갈등

소통은 기업 경영에서 매우 중요하다. 기업 내 소통의 중요성을 직관적으로
반영할 수 있는 두 개의 숫자가 있는데 바로 두 개의 70퍼센트다.
첫 번째 70퍼센트란 기업 경영자들은 실제 70퍼센트의 시간을
소통을 위해 사용한다는 것이다. 두 번째 70퍼센트란 기업의 문제 중
70퍼센트는 소통의 장애로 야기된다는 것이다.

뤼궈룽_기업관리 컨설턴트

연구소의 역할과 비중이 큰 회사를 운영하고 있습니다. 창업 초기에는 그들의 소신과 열정 덕분에 회사가 이만큼 가파르게 성장했다고 믿었습니다. 자진해서 야근과 주말 출근까지 불사했던 그들이었죠. 그러나 연구직 직원들이 리더가 되면서 하나같이 벽창호가 되는 것 같습니다. 제가 직원들에게 가지고 있는 아쉬움을 공감조차 하지 못하는 상황입니다. 야근이 많은 건 이해하지만 직원들 근태가 그야말로 엉망입니다. 출퇴근 카드를 가지고 있어도 의도적으로 사용하지 않죠. 자율성을 인정해 준다는 미명하에 찢어진 청바지에 샌들을 신고 고객 미팅을 나가는 친구들도 있습니다. 보이는 형식이 뭐가 그렇게 중요하냐고 공식적인 회의에서 대놓고 직원들을 감싸는 임원도 있습니다. 제가 직원들에게 바라는 업무 태도 등의 메시지가 리더들을 통해 말단 직원들에게까지 잘 전달되었으면 좋겠는데 좋은 방법이 없을까요?

사장과 직원 사이의 소통을 가로막는 장애물은 생각보다 다양하고 견고합니다. 실제 직장인 100명 중 65명에 해당하는 인원이 "우리 회사는 소통이 잘 안 된다"라고 고백하는 마당이니 이는 사장님만의 고민이 아니지요. 조사 결과를 자세히 들여다보면 "정말 통하지 않는다"라는 의견은 기업 간의 차이보다 기업 내에서의 차이가 훨씬 심각하다고 말하고 있습니다.

특히 한국의 기업 문화라면 소통은 더 어렵습니다. 윗사람의 의견이 더 중요하고, 다수의 의견이 우선이고, 복종과 침묵을 아랫사람의 미덕으로 여기는 한국 특유의 기업 문화를 고려한다면 그렇지요. 회사 내에서 서로의 의사를 충분히 주고받기란 어쩌면 불가능할지도 모를 일입니다. 그럼에도 기업들은 지속성장을 위해서는 소통이 가장 중요하다고 입을 모읍니다.

소통을 모든 문제의 한가운데 위치시키고, 몸속의 중요한 기관들을 연결하는 혈관처럼 중요하다고 강조합니다. 한 해의 가장 중요한 각오를 담는 사장님들의 신년사 속에서 매년 1순위로 등장하는 소통. 위대한 기업이 되기 위해 가장 먼저 정복해야 할 산을 소통이라고 말하는 이유가 무엇일까요? 소통을 외치는 리더들은 진심으로 소통할 준비가 되어 있을까요?

리더는 소통을 외칠 때 머릿속에 가시밭길을 걷는 자신의 모습을 떠올려야 합니다. 리더인 당신이 새로운 질서를 만들기 위해 노력하는 상황을 상상해 보십시오. 순조롭게 새로운 질서를 만들 수 있을까요? 천만의 말씀입니다. 시도가 알려지자마자 거센 저항에 부딪힐 것입니다. 현재의 제도와 시스템으로 혜택을 보는 사람들이 가만히 있을 리 없지요.

그렇다면 지지자는 없을까요? 있습니다. 새로운 질서가 가져다줄 혜택을 받는 사람들이 지지자가 되어줄 것입니다. 그러나 자세히 들여다보면 저항자와 지지자의 온도는 다릅니다. 저항자는 강력한 의지를 가지고 타오르지만 지지자는 상대적으로 미지근합니다. 지금의 제도가 주는 혜택보다 새로운 제도가 가져다줄 혜택이 모호하기 때문입니다. 강력한 적과 미온적인 동지들을 데리고 어떤 소통의 장을 마련할 수 있을까요? 소통을 위해 나아가는 그 길은 가시밭길일 가능성이 큽니다.

그러나 진심으로 소통을 원하는 리더라면 기꺼이 이 가시밭길을 걸어가야 합니다. 한발 더 나아가서 저항을 즐길 줄 아는 리더가 되어야 합니다. 사장의 자리에서 쉬운 결정만 내릴 수는 없기 때문입니다. 직원을 내보내고, 잘 진행되고 있는 프로젝트 지원을 중단하고, 공장 문을 닫는 등의 어려운 결정을 내렸을 때 저항과 불평이 없다면 오히려 이상한 일이지요. 이 상황 속에서도 자신의 입장을 명확하게 밀고 나가야 합니다. 다만 귀를 열고 직원들의 저항과 불평을 면밀히 살피는 일을 중단해서는 안 됩니다. 그것이 소통할 준비가 되어 있는 리더의 자세입니다.

불통을 호소하는 많은 조직에서 소통을 가로막는 가장 큰 장애물은 사장님 자신인 경우가 많습니다. 귀를 닫거나 달콤한 이야기만 듣고 싶어 하는 리더가 그 경우이며 이는 끊임없이 경계해야 합니다. '태산은 흙과 돌의 좋고 나쁨을 가리지 않고 다 받아들였기 때문에 그 높음을 이루었고, 양자강이나 넓은 바다는 작은 시냇물도 버리지 않았기 때문에 저토록 넉넉해진 것'이라는 한비자韓非子의 가르침과도 연결되는 교훈이지요.

소통을 원하는 조직에서 갈등을 만드는 것은 리더의 임무이 기도 합니다. 혁신을 위해서는 모두가 만족하는 사안은 오히려 경계해야 합니다. 소통을 방해하는 외부의 장애물을 근심하기에 앞서 자신이 스스로 만든 장애물은 없는지 먼저 살펴야 합니다.

부하 직원과 불편한 대화를 나누는 장면을 떠올려 보십시오. 대개의 경우 강압적인 목소리와 톤으로 부하 직원을 혼내거나, 상사가 머리를 긁적이며 흐릿하게 메시지를 전달하는 장면이 떠 오를 겁니다. 그러나 불편한 대화가 오가는 이 장면이 진정한 소 통의 장면이기도 합니다. 통하는 조직의 모습은 고요하지 않습니 다. '그렇지 않습니다', '그래서는 안 됩니다'라고 주고받는 불편한 메시지로 마음이 요동치는 경우가 되려 흔합니다. 소통을 진심으 로 원한다면 정제된 목소리와 톤으로 분명하게 거침없이 의견을 주고받을 수 있는 모습이 흔해져야 합니다.

업무를 진행하면서 어떤 아쉬움이 있었는지, 왜 이번 승진에 서 부하 직원이 누락되었는지, 고객의 불만이 접수된 이유에 대 해 상사인 내가 모르는 부분이 있으면 설명을 해 줬으면 한다는 불편할 수 있는 메시지도 모두 회사와 부하 직원의 발전을 위한 다는 전제가 깔려 있으므로 머뭇거릴 필요가 없는 것입니다.

상사가 불편한 얘기를 있는 그대로, 정중하게 전달할 수 있다면 부하 직원들도 자신의 의사를 표현하는 일에 익숙해질 수 있습니다. 분위기를 조성하는 역할은 리더에게 나아가 경영자에게 있다는 사실을 명심하시길 바랍니다. 중대한 사안에 대해 사장의 의견을 공감하고 지지하는 직원들의 모습을 상상해 보십시오. 주니어가 대담하게 사장님께 질문을 하거나 반대 의견을 내놓는 장면은 어떻습니까. 막혀 있던 생각의 실타래를 직원들과 함께 풀어 나가는 생산적인 회의, 생각지도 못했던 아이디어가 아래로부터 솟아오르는 장면에서 사장님은 얼마나 신이 날까요.

회사 내에서 이러한 장면이 많아질수록 소통의 회로는 견고해집니다. 의식적으로 하지 않으면 이루어지지 않았던 활동들이 차츰 무의식적으로 이뤄지고, 불필요한 과정들은 과감하게 생략해 나갈 수 있을 것입니다. 효율과 생산성이 불붙는 순간입니다. 소통의 회로가 견고해지고 소통의 질이 높아져 얻게 되는 혜택이지요. 소통의 질이 높아질 때 사장은 가장 큰 수혜자가 됩니다. 견고한 소통의 회로를 구축하는 이유는 그것이 착한 경영이기 때문이 아니라 효율 경영이기 때문입니다.

사장님, 회사 내부 소통의 회로를 점검해 보십시오. 그리고 직원들의 회신을 방해하는 장애물이 무엇인지, 직원들의 의견 제시를 막는 장애물이 무엇인지 유심히 관찰해 보십시오. 불편할 수 있는 이야기가 편하게 오가는 문화, 신나는 소통의 문화가 드러나는 장면들을 공유할 그날을 기대하겠습니다. 소통의 질이 높아질 때 사장은 가장 큰 수혜자가 됨을 잊지 말기 바랍니다.

9

부서끼리
으르렁대는 상황,
해답이 없을까요

모두의 꿈

오케스트라를 지휘하는 지휘자는
자기는 정작 아무 소리도 내지 않습니다.
그는 얼마나 다른 이들로 하여금 소리를 잘 내게 하는가에 따라
능력을 평가받습니다.
벤 젠더_보스턴 필하모닉 지휘자

직원들이 언젠가부터 처우개선에 대한 얘기를 자주 꺼냅니다. 초창기 멤버로 회사가 돌아가는 구조와 분위기를 잘 아는 친구들이 중심이더군요. 외국어를 잘 구사하는 친구들이어서 해외 업무가 유난히 많은 회사에 든든한 힘이 되었죠.

그런데 어느 날부터 처우개선에 대한 이야기를 자주 꺼냅니다. 연초에도 연봉 인상을 요구해서 다른 직원들과의 형평성을 깨면서까지 인상해 줬습니다. 업계 평균을 생각하면 배려를 많이 해 준 케이스였죠. 그런데 얼마 안 되어서 다시 사표를 가지고 왔네요. 인센티브를 더 챙겨달라는 거였습니다.

다른 팀은 작년 연봉을 그대로 적용한 상황에서도 열심히 일하고 있는데, 본인들 욕심만 차리는 사람들이다 싶더군요.

자신의 욕심만 차리는 이기주의 어떻게 대응해야 할까요?

뜨거운 열정으로 의기투합했던 그들이 있었기에 지금의 회사가 있음을 부인할 수 없습니다. 그러나 매출이 늘고 회사가 커지면서 그들은 거대한 장애물로 변해갑니다. 기존 인원들로는 과부하가 걸리고 이러다 죽겠다는 비명이 나옵니다. 조금씩 직원들을 충원하지만, 초기 멤버들은 자신들을 특별 대우해 달라고 외치기 시작합니다. 초기 멤버들과 신규 멤버들 간의 트러블이 생기는 일도 잦아지죠. 앞에서는 친한 척하지만 뒤에서는 으르렁거리는 일, 한 고객을 사이에 두고 서로를 헐뜯는 일도 벌어집니다. 경영진은 점점 이럴 수도 저럴 수도 없는 미로 속으로 들어갑니다.

회사 안 부서마다 담을 쌓고 외부와 소통하지 않는 것을 가리켜 부서 간 이기주의, 사일로 현상이라고 합니다. '사일로Silo'는 원래 곡식을 저장하는 굴뚝 모양의 창고를 뜻하는 말로, 부서끼리 협력하지 않고 서로 자기 부서의 이익만을 주장하는 모습이 마치 성을 쌓은 것같은 사일로 모양을 하고 있다고 해서 붙여진 이름입니다. 과거 전자 산업계를 호령했던 소니가 침체의 늪에 빠져 좀처럼 재기하지 못하는 가장 큰 이유로 사일로 문화가 지적되기도 했습니다. 이윤을 독점하려는 사업부들의 이기주의 때문에 기술이 공유되기 어려워졌고, 사업부 간 시너지도 없어 기술력만 쇠퇴시키는 결과를 낳았다는 이유였습니다.

사장님의 고민은 스티브 잡스가 자주 언급했던 화두이기도 합니다. 그는 생전에 "부서 간 이기주의 문화 때문에 소니는 애플이 되지 못했다"라고 지적하면서 애플 역시 사일로 문화를 경계해야 한다는 염려를 드러냈습니다. 애플에는 궁극적으로 꼭 알아야 할 것만 공유하는 문화the ultimate need-to-know culture가 존재하는데, 이는 스티브 잡스 자신의 영향이며, 애플의 비밀주의를 극단으로 몰고 갔다는 사실도 함께 털어놓았습니다.

애플의 하드웨어 담당 임원이었던 존 루빈스타인은 2000년 〈비즈니스위크〉에서 "우리는 테러 단체 같은 점조직을 갖고 있다"라고 고백했습니다. "꼭 알아야 할 것 이외의 정보는 절대 공유하지 않는다"라고 말한 것도 같은 맥락이겠지요. 그런 비밀주의는 사일로 안에 또 다른 사일로를 존재하게 만드는 강력한 빌미가 됩니다. '입을 열었다가는 큰일 난다'라는 애플 직원들의 강박관념은 일반인도 물건을 살 수 있는 사내 매점에서 판매하는 티셔츠에도 유머러스하게 드러나 있습니다.

'I visited the Apple campus.
But that's all I'm allowed to say.'
나는 애플 캠퍼스를 방문했다. 그러나 그것이 내가 말할 수 있는 전부다.

애플의 부서 간 장벽이 얼마나 높고 견고한지 한 마디로 보여주는 사례입니다.

규모가 커진 회사에서 친정 식구 같았던 사람들이 남보다 더 으르렁거리는 일은 어찌 보면 당연합니다. 여러 학자들이 150명을 하나로 뭉칠 수 있는 최대 단위라고 보고 있으며, 150명이 넘어가면 모두가 하나라는 생각이 흐려지고 전체 속에서 또 다른 우리가 생겨난다고 지적하는 목소리에서 이유를 찾을 수 있겠지요. 전사가 함께 꾸어야 할 큰 꿈보다 가깝고 선명한 자신들만의 목표가 더 매력적이라는 것은 부인할 수 없는 사실입니다.

1962년에도 비슷한 사건이 있었습니다. 미국과 소련이 으르렁 거리던 시절, 우주 개발이라는 미션을 가지고 두 나라가 NASA에 서 함께 일을 하게 되었습니다. 이를 두고 가능한 일인지 주변의 걱정이 컸습니다. 그러나 케네디가 제시한 '함께 꿀 수 있는 꿈'으 로 그들은 앙숙에서 동지가 되었습니다. "10년 안에 우리는 인간 을 달에 보내고 지구로 안전하게 귀환시키자!"라는 꿈을 함께 꾸 게 된 것이죠. "소니를 이기자'라는 꿈을 제시하고 직원들이 받아 들이는 순간 으르렁대던 부서 간의 장벽이 낮아지더라"라는 말 은 셋톱박스로 세계를 평정한 휴맥스 변대규 회장의 고백이기도 합니다. 모두가 함께 꿀 수 있는 꿈, 공동의 비전이 생기면 서로를 남으로 바라보는 시선이 없어집니다. 장벽이 자연스럽게 낮아집 니다.

공동의 비전을 제시할 수 있다면 이를 달성하기 위한 협력체 계를 구체화시키고 협업이 중요하다는 사실을 드러내야 합니다. 급여 기준에도 전체에 기여하는 협력의 정도를 반영해야 합니 다. 협력과 보상은 긴밀한 함수라는 사실을 직원들이 눈으로 보고 직접 느낄 수 있도록 해야 합니다. 다른 사업부의 사람들이 자연스럽게 만날 수 있는 공간까지 만들어진다면 우리가 둘이 아니라 하나라는 사실을 더 자주 체감하게 될 것입니다.

사장님, 앞에서는 친한 척하고 뒤에서는 으르렁대는 사업 부서가 고민이라면 모두가 함께 꿀 수 있는 꿈을 제시해 주십시오. 그리고 그 꿈을 모두가 자주 상기할 수 있는 제도와 기준, 환경이 무엇인지 고민하고 적용해 나가길 바랍니다.

10

직원들이 알아서
일하는 회사,
저만의 꿈일까요

객차와
기관차의 비밀

경영자는 시간을 알려 주는 사람이 아니라, 시계를 만드는 사람이다.
한번만 시간을 알려 주는 사람보다는, 그가 죽은 후에도 계속 시간을
가르쳐 줄 수 있는 시계를 만드는 사람이 훨씬 가치 있는 일을 하는 사람이다.
뛰어난 아이디어를 가졌거나 카리스마적인 지도자가 되는 것은
'시간을 알려 주는 것'이고, 한 개인의 일생이나 제품의 라이프 사이클을 뛰어넘어
오랫동안 번창할 수 있는 기업을 만드는 것은 '시계를 만드는 것'이다.

짐 콜린스_경영사상가

영리하지 않은 결정이었을지도 모릅니다. 사장이라는 자리가 완벽한 직업은 아니지만, 절박해진 직원들을 위해 저는 사장 취임을 결정했습니다. 그런데 무엇보다 큰 애로사항은 중소기업 사장들의 넓기도 깊기도 한 업무 영역입니다. 직원들과 중요 업무를 일일이 챙겨야 한다는 생각 때문에 시간은 점점 부족해지네요.

인정하고 싶지 않지만 '대리님'이라는 비공식적인 제 별명도 전부 다 챙겨야 한다는 불안감 때문이 생긴 게 아닌가 싶습니다. 제 몸은 하나인데 버겁습니다. 월급쟁이 시절로 돌아가고 싶은 마음도 굴뚝같네요.

직원들 모두가 알아서 일하는 회사, 상상 속에서만 존재하는 걸까요?

"직원들이 내 맘 같지 않으시죠?"라는 질문에 긴 한숨으로 대답을 대신하는 사장님들이 많습니다. 경영 컨설턴트로, 조직의 문제 해결사로 일하면서 어떤 조직이 가장 훌륭한 조직인가에 대한 질문을 자주 받습니다. 대가들이 말하는 훌륭한 조직의 첫 번째 조건, 또 실제 기업에서 얻게 되는 수많은 상황들이 주는 결론은 결국 하나로 통했습니다.

기업의 가장 중요한 성공 DNA는 프로세스나 시스템과 제도 같은 기반이 아닌 사람입니다. 사람의 품질Humanside Quality이 위대한 조직의 결정적인 조건이며, 기반이 약한 중소기업은 더욱 이 부분에 집중해야 한다는 교훈이었습니다.

'사람의 품질'이란 말이 좀 낯설지요. '역량'이라는 단어로 바꾸어 쓰면 오해가 줄 것 같습니다. 사람의 역량은 쉽게 향상시킬 수 없습니다. 훌륭해 보이는 프로세스와 제도, 시스템은 모방할 수도 구입할 수도 있지만, 사람들의 역량은 그렇지 못합니다. 제품이나 기계가 아닌 사람에게 '품질'이라는 표현을 쓴다는 것 자체가 낯설지 모르겠네요. 그러나 일에 대한 동기를 가지고 있느냐 그렇지 못하느냐 하는 기준으로 사람을 나눠 보면 '품질'이라는 표현이 이해가 될 겁니다. 동기를 가지지 못한 사람은 스스로 움직일 수 없는 객차와 같습니다. 엔진을 자체적으로 가지고 있지 않기 때문에 혼자 움직일 수 없죠. 끌어 주지 않으면 한 걸음도 스스로 움직이지 못합니다. 반면 스스로 움직일 수 있는 엔진을 가진 사람은 기관차입니다. 옆에 누가 있든 그렇지 않든 업무를 주도할 수 있죠.

출근해서 자리에 앉아 있는 사람 모두가 일을 하고 있는 것일까요? 'YES'라고 말할 수 있는 분이 많지는 않을 것입니다. 이를 증명하는 보고 자료가 많죠. 우리나라 직장인의 한 해 평균 노동 시간은 2,124시간으로 OECD 국가들 가운데 2위라는 발표가 있습니다. 가장 적은 독일보다 1년에 753시간, 꼬박 한 달을 더 일한다는 게 최근 통계입니다. 더 아쉬운 부분은, 노동 생산성은 OECD 34개국 가운데 25위, 하위권에 머물러 있다는 사실입니다. 이처럼 직장인들이 자신의 자리에 엉덩이를 붙이고 있는 시간과 업무 생산성은 결코 비례하지 않습니다.

그렇다면 중소기업에서 직원들의 생산성을 획기적으로 끌어올릴 수 있는 방법은 무엇일까요? 어떻게 하면 객차를 기관차로 변화시킬 수 있을까요? 어떻게 직원들을 스스로 움직이게 할 수 있을까요? 힌트는 직원들의 일상 속에 숨어 있습니다. 우선 직원들이 업무를 수행해 나가는 모습을 자세히, 있는 그대로 관찰해 보십시오.

자신의 생각을 쉽게 말이나 글로 잘 표현하는가? 어떤 상황에 영향을 줄 수 있는 원인과 이유를 잘 찾아내는가? 아니면 친밀한 사람들과 함께 목표를 향해 열심히 일하는 데서 만족감을 얻고 있는가? 최종적으로는 가장 눈에 띄는 재능을 찾아보십시오. 그 재능을 기반으로 직원들을 탁월한 성과를 스스로 내고야 마는 기관차로 만들 수 있습니다.

단순하지만 큰 혁명은 바로 여기서부터 시작됩니다. '상사가 나의 업무상 재능을 알고 있다', '그것에 관심을 가진다'라는 사실을 알게 되는 것만으로도 직원들이 이전보다 업무에 몰입할 확률이 여섯 배나 높아지기 때문입니다. 대부분 조직에서 직원들의 단점을 꼬집고 그것을 고쳐나가기 위해 죽을힘을 쓰지만 큰 성과를 보지 못하는 이유가 여기에 있습니다. 약점을 개선하라는 지시는 직원들의 사기를 떨어뜨려 마음을 닫게 합니다. 자발성이 떨어지니 성과 면에서 진전이 어렵습니다. 그러나 여전히 많은 이들은 약점을 개선해 목표를 달성해야 한다는 마음으로 고군분투하고 있죠.

예를 들어, 숫자만 나오면 헤매는 사람이 있습니다. 이 사람이 일시적인 교육이나 의욕만으로 탁월한 회계사나 통계학자가 될 가능성이 높아질까요? 그저 열심히 숫자와 친해지겠다는 각오와 열정만으로 숫자에 능통할 수 있을까요?

아쉽지만 대답은 'NO'에 가깝습니다. 약점은 약하게 타고난 지점이죠. 반면 사람에게 재능은 강하게 타고난 지점입니다. 조금만 노력하면 성과를 낼 수 있는 고효율의 지점이죠. 재능은 직원들이 도전적인 목표를 달성하고 지속적으로 성장해 가는 데 놀라운 도움을 줍니다. 본인은 물론, 그의 팀과 그의 리더, 나아가 회사가 함께 혜택을 누릴 수 있습니다. 직원들의 재능을 면밀히 살펴 성과를 달성하는 무기로 활용하는 일은 사장에게 선택이 아닌 생존을 위한 중요한 시도입니다.

각자의 약점을 고치려고 노력하는 조직은 녹이 슬거나 아예 영점이 잡히지 않은 무기로 코앞의 적을 이기기 위해 노력하는 것과 같습니다. 반대로 각자의 재능을 기반으로 성과를 향해 달려가는 조직은 본인의 제대로 된 무기를 알고 단련해 전투에 몰입하고 승리를 향해 가는 조직입니다. 맞춤형 무기를 들고 신나게 전투에 임하는 직원들의 모습, 상상이 되시나요?

더 거칠어진 경영 환경에서 대기업의 거대한 인프라와 싸우며 버티고 있는 중소기업 사장의 절박함에 힘이 되어줄 재능에 집중하십시오. 직원들이 주도적으로 업무에 몰입할 수 있는 열쇠가 거기에 있습니다. 끌려다니는 객차를 스스로 힘차게 움직이는 기관차로 바꿔 놓을 수 있습니다.

기관차들로 가득한 조직이라면 사장님은 지중해 어디쯤으로 여행을 떠나도 좋습니다. 조직은 이제 간섭하고 일일이 체크해야 하는 사장님을 필요로 하지 않을 테니까요. 가족과 함께 지중해로 떠나는 상상. 유쾌하고 신나는 준비를 지금부터 조금씩 해 나가기를 바랍니다. 그리고 장기간의 여행 후에도 다름없이 힘차게 스스로 달리고 있을 기관차를 보며 기뻐할 수 있기를 기대합니다.

11

고비용의 컨설팅,
사후 조치가
어렵습니다

컨설턴트 양성

배운다는 것의 최대 장애물은 답을 가르쳐 주는 게 아닐까?
그것은 스스로 답을 찾아낼 기회를 영원히 박탈해 버리기 때문이다.
스스로 생각해서 답을 찾아야 진정한 배움을 얻을 수 있다고 나는 믿는다.
생각하는 인간을 만들려면 명령형인 '!'보다
의문형인 '?'의 부호가 훨씬 더 좋다.
엘리 골드렛_이스라엘의 물리학자

집무실 책장에 꽂혀 있는 컨설팅 보고서를 보면 한숨이 나옵니다. 풀기 어려운 문제나 중대한 사안이 있을 때 여러 종류의 값비싼 컨설팅을 받아 봤지만 그때뿐이네요. 컨설턴트가 떠나고 나면 남는 것이라고는 화려한 결과보고서뿐입니다. '혁신팀'이라는 이름으로 똑똑한 직원들을 모아서 사후 조치를 지시하지만 한두 달 끙끙거리다가 각자의 위치로 돌아가고 맙니다. 경험과 역량이 부족한 직원들과 떠나면 그만인 컨설턴트, 저는 누굴 의지하면서 회사에 산적해 있는 문제를 풀어 가야 할까요?

오늘 혁신팀과 미팅을 진행했습니다. 3시간 넘은 회의 끝에 조금 전 마무리가 되었는데 특히 팀장직을 맡고 있는 분의 고민이 깊어 보였습니다. 사장님의 강한 혁신 의지를 충분히 공감하고 있었지만, 컨설팅 사에서 내놓은 솔루션에 대해서는 부담과 염려를 동시에 가지고 있더군요. 특히나 세일즈 쪽의 솔루션에 대해서는 걱정이 더 커 보였습니다. 국내영업 일변도의 상황에서 해외영업 쪽으로 무게중심을 완전히 옮겨 대대적인 투자와 집중을 해야 한다는 선고를 받았지만 어떤 자원과 전략을 가지고 실행해야 할지 모호하다고 했습니다.

많은 중소기업이 당면 과제가 시급하다는 이유로 또 직원들이 스스로 풀 수 없는 문제라는 이유로 큰 비용과 시간을 투자해 컨설팅을 받습니다. 어느 사장님은 근사한 스펙과 화려한 레퍼런스를 가진 컨설턴트들과 고민을 나눌 때면 '이제야 내 고민을 이해해 주는 사람을 만났구나. 수준이 되는 사람과 대화를 하니 기쁘다. 비용이 비싼 이유가 여기에 있었구나' 싶다고 하시더군요. 평소 경영진이 문제라고 생각했던 부분을 콕 집어 "그 부분이 가장 큰 문제입니다"라고 논리와 근거를 갖추어 답을 제시해 주는 그들이 훌륭해 보이기도 하겠지요.

그러나 컨설턴트는 결승점까지 달려줄 수 있는 선수가 아닙니다. 그들의 상주 기간이 끝나고 보고서를 실행으로 옮겨야 할 '바통 넘겨받기'의 시점부터 기업에게 또 다른 고민이 생기는 것은 어쩌면 당연한 일이지요. 냉철한 논리로 정리된 컨설팅 보고서에는 실행이라는 손발이 달려 있지 않습니다. 보고서의 핵심을 회사의 방식으로 해석하고 문제 해결의 단서를 찾아가야 할 사람들은 바로 사장님 곁에 있는 직원들입니다.

이를 유념하지 않았던 컨설팅은 그 끝이 씁쓸하기 쉽습니다. 실행의 구심점이 되어야 할 혁신팀이 컨설팅 결과물, '그들이 준 답'을 보고 느끼는 감정이 씁쓸한 이유겠지요. "이 부서가 문제다. 그 사람이 문제다. 모두 다, 당장 바꿔야 한다"라는 지적과 독촉뿐인 보고서를 대하면서 주도적으로 신나게 엔진을 가동시키기란 어렵지 않을까요. 보고서를 해석하다가 지치고, 해야 할 일을 나누다가 지치고, 시간이 지나면서 밀려 있던 각자의 본업으로 스르륵 돌아갈 수밖에 없는 상황을 두고 중소기업 혁신팀의 운명은 본래 이런 것이라고 자포자기할지도 모를 일입니다.

진심으로 문제를 해결하기 원하신다면 직원들을 컨설턴트로 양성해야 합니다. 이는 어려운 작업이기에 점진적인 노력을 기울여야 합니다. 그러기 위해서는 먼저 그들 스스로 답을 낼 수 있도록 도와야 합니다. 스스로 생각해낸 답으로 자신의 엔진에 부르릉 시동을 걸 수 있도록 그들이 문제를 직면할 수 있는 용기를 끌어내야 합니다. "우리 회사의 문제는 우리가, 또 내가 중심이 되어 풀어갈 수 있다"라고 자신하는 직원들을 하나 둘 늘려가야 합니다.

벽이 나타났을 때 누군가는 벽을 피해 도망가고 누군가는 용기를 내어 그 벽과 직면합니다. 지그문트 프로이트, 칼 구스타프 융과 함께 심리학의 3대 거장으로 불리는 알프레드 아들러는 문제와 사람을 두고 용기를 발휘하는 사람과 그러지 못한 사람으로 분류하고 있습니다. 문제를 직면할 용기를 가지고 스스로 해결할 수 있도록 돕는 것이 바로 컨설턴트 양성을 위해 리더가 해야 할 임무라고 화두를 던지는 듯합니다.

리더들이 꾸준하게 부하 직원의 뛰어난 점을 찾아 추어올리거나, 약점을 드러내어 꾸짖거나, 응석을 받아주거나, 비위를 맞추지 않아도 그들이 원래 가지고 있던 내면의 용기를 끌어올린다면 스스로 답을 낼 수 있습니다. 고난이 왔을 때 그것을 직면하고, 문제를 풀기 위해 깊이 고민할 것입니다. 사장님의 고민에 직원들이 솔루션을 제안하는 광경, 사장님의 회사가 아닌 모두의 회사가 되는 신비한 체험을 하게 될 것입니다.

때로는 신비한 체험에 앞서 시험에 들지도 모릅니다. 사장님이 문제를 대하던 방식과 전혀 달랐던 직원들을 떠올리면서 변화에 대한 의구심이 들 수도 있고, 내 손으로 해야 직성이 풀리고, 목표를 향해 직원들을 몰아붙여야 덜 불안하고, 외부에서 편하게 구할 수 있었던 답을 떠올리면서 조급증이 생길 수도 있습니다. 다음으로 전해 드리는 몇 가지 상황을 떠올려 보면서 시험에 드는 상황 속에서도 끝까지 믿음을 버리지 않으셨으면 합니다.

사장님이 신입사원에게 임무를 주었습니다. 처음 해 보는 일에 우왕좌왕하는 친구에게 어떤 얘기를 해 줄 수 있을까요.

채소를 싫어하는 아이가 채소를 먹을 때 부모가 해 주어야 하는 말에서 힌트를 얻을 수 있을 것 같습니다. "와작와작 아주 잘 먹고 있구나. 우와 맛있어 보이네. 나도 샐러드가 먹고 싶어지는걸."

위에서 내려다보는 시선으로 아이를 평가하거나 컨트롤하려 하지 않고 대등한 시선으로 지지하는 메시지를 전해 준다면 아이는 용기를 얻어 혼자 힘으로 힘든 상황을 헤쳐 나갈 수 있습니다. 한 번으로 어려울 수 있지만, 지속적으로 용기를 북돋아 준다면 변화는 시작될 수 있습니다.

신입사원이라 해도 자신의 뜻을 세울 수 있는 상황을 만들어 주고, 성공과 실패의 경험에서 배울 수 있도록 도와주며, 적절한 시기에 자전거에서 손을 놓듯 자립의 기회를 준다면 자신의 힘으로 이루어낸 첫 성공 경험을 얻게 될 수 있습니다. 처음에는 누군가의 지지와 도움을 받지만 결국 스스로 해 냈다는 인간만의 감정이 가진 힘입니다.

두 번째 상황입니다. 좋은 성과를 가지고 온 직원과 그러지 못한 직원을 두고 어떻게 피드백을 하겠습니까? "잘했네, 대단하군", 혹은 "60퍼센트밖에 못했으니 일하는 방식을 바꾸어야겠네"라고 해야 할까요? 결과에 치중한 칭찬은 눈치 중독자를 만들 수 있습니다. 결과에 기반을 둔 칭찬은 독이 됩니다. 과정이 좋지 않더라도 결과만 좋으면 된다는 것으로 이해한 직원들은 운이 좋기만을 바라면서 성실한 노력을 시시하게 생각할 것입니다.

운이 아주 높을 확률은 생각보다 낮습니다. 그 희소한 확률을 근거로 땀의 소중함을 간과하는 사장이 받게 될 경영의 성적표는 또 얼마나 시시할까요. 대등한 시선으로 바라보며 진심 어린 지지의 메시지를 보내주는 것, 그리고 혼자서 완주할 수 있도록 지켜봐 주는 것만으로도 리더의 역할은 충분합니다. 그렇게 만들어진 무대라면 그들은 끝내 김연아 선수처럼 무대를 압도하고 관중을 사로잡을 것입니다. 당신의 직원들은 지금 화려한 나비의 번데기, 혹은 시간이 좀 더 필요한 애벌레라는 사실을 잊지 않기를 바랍니다.

상사와 부하, 역할이 나누어져 있을 뿐 어느 상사도 인격적으로 직원들 위에 있지 않습니다. 인간의 위아래가 아닌 것이지요. 나쁜 결말을 피하기 위해 계속해서 훈계하듯 가르치지 않아도 그들이 리더를 꼭 필요로 할 때 평안한 얼굴로 기꺼이 그들을 도울 수 있다면 충분합니다. 실패 속에서 큰 교훈을 얻는다면 그 실패는 오히려 성공보다 생산적일 수 있습니다. 직원들이 자연스럽게 결말을 맞이할 수 있도록 신뢰와 인내심을 가지고 지켜볼 수 있는 사장님이 진짜 자존감과 자신감을 가진 분입니다.

결국, 인재를 육성하는 가장 좋은 방법은 결과에 치중하지 않고 과정의 소중함을 깨달으며 충실히 문제를 해결해 가는 것입니다. 문제를 해결하기 위해서는 직원들 스스로가 리더의 공백을 채울 수 있도록 주인의식을 갖춘 업무 환경을 조성해 가야 할 것입니다. 경영을 한다는 것은 눈앞을 가로막는 벽을 뛰어넘는 일과도 같습니다. 직원들이 그 벽 앞에서 기죽는 일 없이 자신감을 가지고 도전할 수 있도록 용기를 주십시오.

고난이라는 벽이 눈앞을 막아섰을 때 자신의 엔진을 켜고 한 번 더 힘차게 시동을 걸 수 있도록 그들을 도와주기를 바랍니다. 그렇게 되면 그들은 끝내 자신을 믿고, 남의 평가에 휘둘리지 않으며, 문제 상황에서 소신을 가지고 행동할 수 있는 사람, 대지에 든든하게 뿌리를 내리는 컨설턴트로 자라 나갈 것입니다.

12

평범한 사람들이 지혜를 모을 수 있는 방법이 있나요

그룹 지니어스

경영의 즐거움 중 빼놓을 수 없는 것이 약한 자들이 합해 강자를 이기고
평범한 사람들이 모여 비범한 결과를 내는 것입니다.
그것을 가능케 하는 것이 바로 팀워크입니다.
팀워크는 공통된 비전을 향해 함께 일하는 능력이며
평범한 사람들이 비범한 결과를 이루도록 만드는 에너지원입니다.
앤드루 카네기_카네기철강 설립자

두 달째 토요일을 반납하고 있습니다. 비상 경영을 선포하면 서 팀장 이상 시니어들은 토요일에 출근하라는 지시를 내렸 죠. 비상 경영을 돌파할 수 있는 묘안을 스스로 짜내야 한다 는 취지였습니다. 토요일 오전에는 조별 모임을 가지고 오후 에는 전체가 모여 조별 논의 결과를 발표했습니다. 원가절감, 비수기 매출증대를 위한 집중전략, 비용감소 등 평범한 진리 를 실현하기 위해 만들어진 자리였지만 가시적인 결과물에 손에 잡히지 않네요. 직원들 표정만 보면 차라리 쉬라고 하 는 게 나을까 하는 생각도 들더군요. 1등 조직을 만드는 협 력기술, 도대체 어디서부터 배워야 할까요?

저 역시도 사업부 팀장의 자격으로 매일같이 매출 압박을 받던 시절이 있었습니다. 얼마나 마음이 무거운지 주말에 출근해서 해결책을 찾을 수 있다면 1년 내내라도 출근하고 싶은 마음이었습니다. 회사가 정말 어려운 시기라면 시니어들은 모두 저와 같은 마음일 겁니다. 사실 토요일에 출근한다는 부담보다 더 마음을 무겁게 하는 일은 종일 진행되는 그저 그런 회의를 바라보는 일일지도 모릅니다. 생산적이지도 새롭지도 않은 의견을 정해진 사람들이 돌아가면서 이야기하는 광경, 생각만 해도 지루하고 졸리기 마련입니다.

줄달아 자기 의견만 내세우는 사람, 관심 없이 자리만 차지하고 있는 사람, 남 탓하기 바쁜 사람, 자기 책임은 아니라며 방어하기 바쁜 사람, 상사 눈치만 살피는 사람……. 요즘은 '답정너'라고 하더군요. "답은 정해져 있으니 넌 대답만 하면 돼!" 주말 회의와 워크숍을 두고 하는 말인 것 같습니다.

업무 시간의 절반을 차지하는 회의나 중요한 시기마다 등장하는 워크숍은 큰 기대만큼 많은 것이 만들어지는 자리입니다. 그러나 사람들이 몰입하는 회의와 워크숍의 모습을 찾기란 어렵습니다. 한국 기업들의 경우 직원의 6퍼센트만이 몰입해서 일하고 있다는 충격적인 조사 결과가 납득되는 상황이기도 합니다.

사장과 일부 임원만이 의사결정에 참여하는 회사의 경우, 갑작스럽게 집단지성의 판을 꾸린다 해도 참석자들은 어색합니다. 평소에 의사결정에서 소외되었던 사람들이 1년에 한두 번 진행되는 이벤트에서 있는 그대로의 의견과 소신을 피력하기란 어렵습니다. 효과적인 협업은 단번에 이루어지지 않기 때문입니다. 연습이 필요하고, 이 연습은 자연스러운 업무 환경 속에서 자주 이루어져야 합니다.

"직원들은 지시에 따라 일하기만 하면 돼"하던 경영진이 위급한 상황이 발생하면 주인의식을 강조하는 것은 일관성 없는 리더의 대표적인 모습입니다. 지푸라기를 잡는 심정으로 이제부터라도 직원들의 중지를 모으겠다고 나서지만, 평소 고립되어 자신의 업무만 처리하던 직원들은 회사의 문제 상황에 대해 깊이 고민해

본 경험이 없습니다. 회사의 진짜 문제가 무엇인지 알지 못하는 직원이 대부분이죠. 혹, 소수의 인원에게 소신이 있더라도 자유롭게 의견을 제시하는 것은 굉장한 용기를 필요로 합니다. 튀는 발언이 되지 않도록 상급자의 눈치를 보기 바쁠 것입니다.

회사 문제에 관심이 없는 직원들을 불러 놓고 의견을 묻거나 의사결정을 하는 일은 그래서 위험합니다. 히틀러가 국민투표를 통해 총통으로 선출된 것도, 소크라테스가 다수결에 의해 사형 선고를 받은 것도, 다수라는 이유로 합리와 이성을 가진 상대를 꼼짝 못하게 하는 중우정치의 폐해를 보여줍니다. "그런 놈은 죽어야 한다"라고 누가 외치면, 거기에 다들 찬성해 버리는 결과를 낳습니다.

중우정치와 그룹 지니어스는 다릅니다. 그룹 지니어스란 평범한 사람 여럿이 함께 머리를 맞대면 뛰어난 천재 한 명을 뛰어넘는 혁신을 이룰 수 있다는 전제를 가지고 있습니다. 이 전제를 믿는 조직이라면 평소 회사의 문제가 무엇인지 직원들이 관심을 가질 수 있는 환경을 만들어야 합니다. 경영진은 우선순위 당면 과제가 무엇인지 직원들이 이해하기 쉽도록 수시로 설명해야 합니다. 각 분야가 이 과제를 풀기 위해 어떤 노력을 해야 하는지, 어디에 집중해야 하는지 끊임없이 묻고 고민하던 조직이라면 그룹 지니어스를 위한 준비운동이 마무리된 것이죠.

준비운동이 완료되었다면 그룹 지니어스의 핵심을 챙겨야 합니다. 바로 직원들의 지식과 경험을 섞는 것입니다.

IBM은 이와 관련해 재미있는 실험을 진행했습니다. 전 직원이 인트라넷을 통해 내년 1년의 예산안을 작성해 보는 프로젝트였죠. 결과는 어땠을까요? 직원들이 머리를 맞대고 작성한 예산안이 1년 전 같은 시기에 전문가들이 작성했던 예산안보다 더 정확했습니다. 평범한 사람들이 모여서 전문가 이상의 진가를 발휘한 사례입니다.

경영진이 회의를 주관하면서 저지르는 가장 큰 오류는 영업 분야의 아이디어는 영업 분야에서 일하는 사람들이, 상품개발 분야의 아이디어는 상품개발 분야의 사람들이 모여서 내야 한다고 생각하는 것입니다. 혁신의 아이디어가 솟구치는 상황은 융합에서 발생한다는 것을 간과한 것이죠. 다양한 직원이 자연스럽게 섞일 기회를 마련해 주지 않고 각자 가진 경험이 비슷한 사람끼

리만 회의를 진행하면서 왜 우리는 혁신적인 결과물이 없는 건가 답답해하고 있지는 않나요.

　다양한 분야의 생소한 업무를 하는 사람들이 자연스럽게 만나서 정보와 지식을 나눌 수 있는 환경을 조성해 보십시오. 인쇄물을 찾으러 가면서, 물이나 커피를 마시러 가면서, 다른 분야의 직원과 직원이 만나 불꽃이 튈 수 있도록 말입니다. 가끔은 답답한 회의실을 벗어나 자연을 벗삼은 체육대회에서 혁신적인 아이디어가 불쑥 튀어 나올지도 모를 일입니다.

　그룹 지니어스는 이종의 분야가 만났을 때, 생각지도 않았던 순간을 빌어 진가를 발휘한다는 사실을 기억하기 바랍니다. 그리고 그 환경을 마련하기 위해 고민하기 바랍니다. 그것이 평범한 사람들의 지혜를 모아 위대한 기업으로 진입할 수 있는 가장 확실한 방법입니다.

13

꿈을 찾아 떠나겠다는
핵심 인재,
붙잡을 순 없나요

직원의 꿈과
회사의 꿈

사장은 모든 종업원의 걱정을 자신이
모두 짊어지겠다는 각오를 해야 한다. 걱정하는 것이 사장의 역할이다.
사장이 걱정 없이 여유 있는 모습을 보이는 회사는 존재할 수 없다.
사장은 항상 걱정하고 대책을 강구하는 것에서 보람을 느끼는 존재여야 한다.
마쓰시타 고노스케_마쓰시타 전기산업 창업자

올해도 신입 공채 중 50퍼센트만이 남았습니다. 몇 년 전 공채 제도를 처음 도입하면서 큰 각오를 가졌었죠. 채용 프로세스를 마련한 뒤 신입 교육에도 심혈을 기울였습니다. 회사 규모가 커지고 인지도가 높아지면서 입사 지원율도 높아졌습니다. 그런데 그렇게 입사한 사람들이 서랍 속의 꿈을 찾아 떠나겠다고 하더군요. 인재가 머무는 회사를 만들고 싶은데 제가 기울이고 있는 노력이 어디서부터 잘못된 걸까요?

요즘 청년들은 일찍 철이 드는 것 같습니다. 어떤 면에서는 인생 선배들보다 더 현명해 보이기도 합니다. 중년이 된 선배들이 직장에서 가정에서 품고 있는 후회를 되풀이하지 않으려 용기를 내는 친구들이 많아졌습니다. 회사를 위해 헌신하고, 성공을 위해 앞만 보고 달리느라 주변을 살펴보지 못했음을 후회하는 선배들의 시행착오를 예방하겠다는 시도겠지요.

　꿈을 너무 쉽게 접었다는 후회를 합니다. 운이 좋은 사람은 목표를 이루기도 하겠지만 경제적, 시간적 여유를 찾았을 때는 내 곁의 가족들이 더는 나를 찾지 않는다는 것을 깨닫습니다. '나는 한낱 돈 버는 기계였구나……'라고 생각하면 마음이 무너집니다.

　꿈과 가족을 대신해 직장을 선택했던 선배들의 넋두리입니다. 직장은 더 이상 후배들에게 꿈이나 가족보다 매력적이지 않습니다. 3,000대 1의 경쟁률을 뚫고 대기업에 입사한 직원들도 입사 1~2년을 지나 줄줄이 사직서를 내는 것이 현실입니다. 대졸 신입사원의 1년 내 퇴사율이 27.7퍼센트, 신입사원 네 명 중 한 명은 입사 1년 안에 사직서를 씁니다. "쉬운 길만 찾는 거냐", "나 때는 안 그랬는데 너무 나약하게 키웠다"라고 한숨 쉬는 부모의 한탄도 그들의 뜻을 막지 못합니다. "나를 부품처럼 생각하는 회사라면, 그 회사가 대기업일지라도 나는 내 서랍 속의 꿈을 찾아 떠나겠노라!"라고 당당하게 선언하는 요즘 인재들은 과연 어떤 조직을 꿈꾸고 있을까요.

부모들은 '직업은 현실'이라고 말하지만 청년들은 '꿈을 담아야 하는 것이 직업'이라고 말합니다. 나를 큰 시스템을 움직이는 일개의 부품으로 여기거나 희생만을 강요하는 회사는 언젠가는 뛰어내려야 할 불타는 갑판으로 느껴질 뿐이지요. 많은 인재가 회사의 성장과 자신의 꿈이 같은 궤를 그리고 있다면 당장은 조금 불안정해도 감수하겠다는 대범함을 가지고 있습니다. 그들은 시스템으로 움직이는 조직이 아닌 한 사람 한 사람의 인생이 회사와 함께 영글어 가는 조직을 원합니다. 나의 인생, 나의 성공에도 관심을 갖는 회사를 찾고 있습니다.

얼마 전 이런 조직을 만들어 가는 사장님을 만났습니다. 사람에 대한 애정이 많은 분이었죠. 직원들의 삶과 회사를 연결해 챙기고 있었습니다. 여직원과 면담할 기회가 있었는데 결혼, 출산, 육아 등 경력 단절로 이어질 수 있는 삶의 고비를 최대한 안정적으로 넘도록 배려하는 회사의 진심을 고스란히 느끼고 있었습니다. 그들이 노련한 관리자가 된 즈음엔 높은 연봉으로 유혹하는 대기업도 시시해 보인다고 이야기하더군요.

직원들의 일과 가정의 양립을 도운 회사는, 안정적으로 일에 몰입하는 여자 시니어가 많아지면서 고객과 공감하는 일에 자신이 생겼습니다. 고객의 불만이 줄고 그들의 니즈를 읽어 상품을 개발하는 일에도 두각을 나타냈습니다. 지혜로운 투자를 하고 있는 회사, 그야말로 인재 이탈의 고민으로부터 자유로운 회사가 되었습니다.

후회를 남기는 직장 생활은 피하고 싶은 인재들. 죽기 전에 삶의 방향을 후회가 줄어드는 쪽으로 바꿀 수 있다면 그 사람은 행운아임이 분명하겠지요. 여기 또 하나 후회를 담은 흥미로운 이야기가 있습니다.

10년 전 여의도에서 KBS를 찾아가려던 한 드라마 작가가 있었습니다. 방향 감각을 잃어 주변 사람들에게 길을 묻다가 우연히 몸이 불편한 청년에게 길 안내를 받게 되죠.

"여… 여의 나… 루 역 저어 기… 쭉 가… 면 있… 어요."

온 힘을 다해 쌍둥이 빌딩을 향해 손을 뻗는 그 청년이 너무 고마워 팔고 있던 껌을 한 통 사줍니다. 오가던 사람들의 발길과 먼지로 더럽혀져 찢기고 너덜거리는 껌들 사이에서 제일 멀쩡한 껌을 한 통 꺼내고 천 원짜리 한 장을 건넵니다.

이 작가는 제작팀에 합류하여 중국 티베트에 있는 8,027미터 고봉, 시샤팡마 원정길에 오릅니다. 베이스캠프까지만 오르기로 현실적인 목표를 잡았지만 일찍부터 고산병에 시달리던 그는 대오에서 멀어져 길을 잃고 말지요. 당황하여 길을 찾아보지만 천지사방을 구별할 수도 없는 상황. 가족의 얼굴을 떠올리며 마음을 안정시키기 위해 담배를 입에 물고 바지 속에서 라이터를 꺼내려는 순간 손에 잡혀 나온 것은 일회용 라이터가 아닌 껌이었지요. 주머니 속에서 부대낀 탓에 말갛게 빛나는 껌을 한참이나 바라보면서 그는 후회를 합니다. "내게 다시 삶이 주어진다면, 꼭 제일 더러운 껌을 고르리라."

그로부터 한 시간 후 그는 어둠 속에서 구조됩니다. 후회의 순간은 그의 삶을 바꾸었죠. 〈서울의 달〉, 〈파랑새는 있다〉, 〈옥이 이모〉, 〈서울 뚝배기〉 등 여러 작품을 통해 소시민의 삶을 진솔하게 그려낸 김운경 작가의 이야기입니다.

후회는 이전의 잘못을 뉘우치는 일입니다. 되돌아갈 수 없는 지난 시점을 바라보며 짓는 한숨이지요. 그러나 타인의 삶에서 간접적인 교훈을 얻는다면 '지금 알았던 것을 그때도 알았더라면' 하고 후회하는 일을 피할 수 있습니다.

당신의 조직은 직원들의 잦은 퇴사와 채용을 반복하면서 얼마나 많은 비용과 에너지를 소진하고 있습니까? 직원들의 인생에 관심을 가지지 않는 리더들에게 직원들의 성과를 끌어올릴 수 있는 방법을 생각해 오라는 지시를 하고 있지는 않으신가요? 신뢰가 없는 조직문화에서 상대방을 믿도록 하기 위해 비용과 시간을 쏟아붓고 있지는 않으신지요.

기업의 외형과 인지도만 보고 입사하던 시대는 갔습니다. 직원의 인생에 관심을 가지고 직원의 꿈을 키워 주기 위해 애쓰는 회사라면 충분히 인재를 머물게 할 수 있습니다. 고수익의 투자를 하는 회사와 끊임없이 소진하는 회사, 그 마지막 그림은 얼마나 달라질까요. 작지만 알찬 회사를 찾는 인재들에게 사장님은 어떤 조직문화와 리더십을 보여줄 수 있을까요? 그 첫 단추를 위해 고민해 보기 바랍니다.

14

수평적인 조직문화,
득일까요
실일까요

진짜 권위

가장 유능한 리더는 하고자 하는 바를 수행하는
뛰어난 자질의 사람들을 발굴하여
옆에 둘 수 있는 탁월한 감각을 지닌 사람이다.
또한 사람들이 맡은 일을 수행하고 있을 때, 그들이 무슨 일을 하든
간섭하지 않는 충분한 자기 절제력을 지닌 사람이다.

테오도어 루즈벨트_미국의 26대 대통령

아이디어, 전략, 기술 같은 소프트웨어적 요소가 핵심경쟁력으로 부상하면서 상명하복, 수직적 문화에 대한 우려가 커지고 있습니다. 창의성이 회사의 경쟁력이라는 위기의식도 한몫을 한 것 같고요. 신문기사를 보면 부장님, 전무님 등 계급장을 붙이던 관행을 대신해 이름 뒤에 '님'자를 붙이는 수평적 호칭으로 바꾸는 사례가 많아지더군요. 시행하고 있는 조직의 애기를 들어보니 신선한 제도라는 반응과 오히려 일하기 불편하다는 반응이 엇갈려 나오고 있었습니다. 회사에서 상대의 이름을 부르는 것에 익숙하지 않은 동양문화의 특성도 무시할 수 없을 테고, 무엇보다 리더들이 느끼는 박탈감이 클 것 같다는 생각입니다. 수평적 조직문화 정착을 위해 호칭을 바꾸더라도 리더들의 권위를 지켜줄 수 있는 방법은 없을까요?

사장님과 비슷한 고민을 하던 분이 있었습니다. 회사에서 진행한 리더십 진단 결과를 기반으로 팀 코칭을 진행했던 사례였죠. 팀원들이 본인을 우습게 안다는 고민을 가지고 있었고, 잃어버린 자신의 권위를 찾고 싶어 했습니다.

　그는 이렇게 말했습니다. "언젠가부터 점심시간마다 사라지고 없는 팀원들 때문에 당황하는 일이 많았습니다. 누구와 점심을 먹어야 하나 싶어 어색하고 민망하더군요. 팀원들에게 업무적인 불만도 쌓여 갔습니다. 일은 넘쳐나는데 퇴근 시간이 되면 개인적인 일정을 들먹이며 하나 둘 들어가는 팀원들을 보면서 야속한 마음도 들었고요. 섭섭한 마음이 커지다 보니 나중에는 업무 피드백으로 화풀이를 하게 되었습니다. 잃어버린 제 권위를 찾고 싶습니다."

　그분의 고민을 듣고 저는 팀원들과의 시간을 따로 가졌습니다. 팀원들이 상황을 어떻게 받아들이고 있는지 또 어떻게 해석하고 있는지 궁금했죠. 대부분 팀 코칭에서처럼 팀장과 팀원들의 상황 해석은 큰 차이를 보였습니다. 팀의 2인자는 같은 상황을 이렇게 표현하더군요.

"팀장님은 구내식당에서 밥 먹는 걸 싫어하세요. 영업하는 사람이 밖에 나가 있어야지, 보란 듯이 점심을 구내식당에서 먹는 것은 보기에 안 좋다는 말씀을 자주 하셨죠. 구내식당을 두고 매번 뭘 먹을지 찾아다니는 일은 곤욕이었습니다. 메뉴를 고르고 직원들의 눈을 피해서 밥을 먹는 일, 딱 일주일 해 보니 더는 못 하겠더군요. 어렵게 점심을 먹고 나서도 매번 더치페이를 하자는 분위기라 주니어들에게 미안한 마음이 컸습니다. 그게 쌓이고 쌓여서 주니어들에게는 아예 따로 나가서 먹으라고 제가 지시를 했습니다.

일이 많기도 하지만 유난히 의전을 중요하게 생각하시는 팀장님 덕분에 퇴근시간이면 팀원들은 모두 녹초가 됩니다. 일은 일대로 해야 하니 다들 일을 집에 가져가고 있어요. 팀장님을 피해서 일을 하는 거죠. 미팅 나갈 때 가방 들어 드리기, 인쇄물 가져다 드리기, 차 문 열어 드리기는 기본이고 회식 자리에서도 적어도 본인만큼은 마셔야 한다면서 숙취 음료를 항상 준비해 오는 분이세요. 아파도 예외가 없죠. 일보다 팀워크가 중요하다는 말씀도 자주 하시는데 참 여러 가지 감정을 불러일으키더군요.

한번은 엘리베이터에서 팀장님을 뵈었는데 인사를 크게 안 했다고 따로 불려가서 혼이 났습니다. 주니어도 아니고 저도 시니어인데, 이건 아니다 싶어서 한번 말씀드린 적이 있어요."

이 상황을 가만히 들여다보면 같은 상황을 두고 팀장과 팀원이 전혀 다른 해석을 하고 있습니다. 업무 외적인 부분에서 에너지 소모가 많고 서로에 대한 오해가 깊었습니다. 팀장은 모든 부분에서 팀원을 등장시키고 싶어 하지만 팀원은 비정상적인 서로의 등장을 유착 상황이라고 보고 있었습니다. 이 상황을 벗어나 업무에만 집중할 수 있는 환경이 조성되길 간절히 원하고 있었죠. 팀장이 권위를 세우려 할수록 그의 영향권 밖으로 나가고 싶은 팀원들의 마음이 강해지는 상황. 리더십, 권위의 함정은 그곳에 있었습니다.

팀원을 지휘하고 통솔할 수 있는 힘이 권위입니다. 모든 연주자가 집중해서 바라보는 위치, 연주자들의 하모니를 모아 청중에게 제대로 전달할 수 있는 자리에서 시작되는 힘이지요. 지휘자다운 자리에 서서 오케스트라의 단원들이 연주에 몰입할 수 있도록 최선을 다하는 것이 권위를 세우는 유일한 방법입니다. 연주를 심사하여 연주자를 선정하고, 계획된 공연에 적합하며 연주자들의 재능과 능력에 알맞은 연주곡을 선정하는 일, 각 악기의 화음이 균형과 조화를 이룰 수 있도록 연주자들을 적절히 배치하는 일, 음악 작품을 해석하여 음색과 화음이 조화되고 가장 극적인 음악적 효과를 낼 수 있도록 연주자들을 돕는 일 속에서 지휘자의 권위는 세워지는 것입니다. 연주실 밖에서 세우려는 권위는 응석이 됩니다.

리더가 응석을 부리는 팀에서 호칭만으로 리더의 권위를 세울 수 있을까요. 리더가 이미 권위를 가지고 있는 팀에서 호칭만으로 리더의 권위가 사라질까요. 정답은 사장님이 더 잘 알 것입니다. 결국 수평적 조직문화를 만들기 위한 시도와 리더의 권위를 세우는 일은 같은 곳을 향하는 작업임을 잊어서는 안 됩니다. 리더와 팔로어 모두가 자신이 서야 할 자리에 서서 일에 집중할 수 있는 분위기를 만들기 위해 노력하는 것이지요. 억지로 권위를 세우려는 리더의 응석을 없애는 것이 수평적 조직문화를 만들기 위해 호칭보다 먼저 챙겨야 할 화두입니다. 가장 먼저 없어져야 할 장애물인 것이지요.

이 같은 '님' 호칭 문화는 '시키면 시키는 대로' 해야 할 것 같은 권위주의적 분위기를 희석해 상하좌우 의사소통의 양을 늘려 줄 것으로 기대되고 있지만, 리더의 솔선수범이 없으면 뿌리내리기 쉽지 않은 제도입니다. 독재자처럼 보이지 않으면서도 분명한 권위를 갖고 있는 지도자는 복종하는 로봇을 키우는 게 아닙니다. 오히려 늘 직원들의 말에 귀 기울이고 대화를 나누죠. 실제로 권위 있는 상사일수록 부하 직원을 종 부리듯 하지 않고 서로 평등한 관계인 것처럼 대합니다.

수평적인 조직문화 정착을 위해 리더의 응석을 걷어내다 보면 리더와 팔로어들이 각자 제자리를 찾아갈 수 있습니다. 계급장을 떼도 리더의 권위는 여전히 살아 있다는 사실을 증명할 수 있기를 바랍니다.

15

재능은 있지만 버티지 못하는 인재, 어떻게 해야 할까요

긍정적인 둔감력

성격이 운명을 만든다.

헤라클레이토스

유능하고 재능 있는 친구가 사라졌습니다. 어제도 사무실에서 데친 배춧잎 꼴을 하고 앉아 있는 걸 봤는데, 상사에게 한 방 먹은 게 화근이었던 모양입니다. 일류 대학을 나와서 그런지 머리도 좋고 아이디어도 많은 친구라 기대가 컸는데. 오늘 아침 결국은 출근을 안 했네요. 상사의 지적사항을 곱씹으면서 자신을 괴롭히고 있을 텐데 걱정입니다. 주변 사람들 보기 창피해서 출근을 못 하는 건가 싶기도 하고요. 제가 통화라도 해서 위로를 좀 해 주고 싶은데 중간에 있는 상사도 무시할 수 없으니 이러지도 저러지도 못하고 있네요.

"저 사람은 예민해" 혹은 "저 사람은 둔감해"라는 말의 의미를 사장님은 어떻게 받아들이나요? 단정지어 '부정적이다', '긍정적이다' 정의내릴 수 없는 단어들이죠. 정답이 없는 질문이기도 합니다. 특히나 조직 생활에서 예민과 둔감이라는 단어는 많은 논쟁을 야기할 수 있을 만큼 다중적인 의미를 가지고 있습니다. 그러나 단어를 신체적인 면으로 확대해서 생각해 보면 '예민'보다는 '둔감'이 긍정적인 단어로 부상합니다. 예를 들어 볼까요?

전 직원이 같은 장소에서 같은 메뉴로 회식을 하고 출근한 다음 날, 다른 사람들은 업무에 집중하고 있는데 나만 유난히 화장실을 계속해서 들락날락한다면 어떨까요? 오랜만에 먹은 대게라지만 점심도 건너뛰고 그렇게 속을 다 비워버린 상황, 더는 앉아 있을 수가 없어 조퇴를 하게 될 상황이라면 필요 이상으로 민감한 위장을 탓할지도 모르겠습니다. 예민한 장을 가지고 있는 사람, 이렇게 보면 둔한 것보다 예민한 것이 때로는 더 피곤한 상황을 만듭니다.

이번에는 정신적으로 둔감한 사람의 예를 들어볼까요? 친한 친구의 추천으로 컨설팅을 하게 되었을 때 일입니다. 첫 미팅을 준비하면서 해당 임원을 인터뷰하기로 했던 날이었습니다. 인터뷰 시간을 기다리고 있는데 안에서 친구가 상사에게 엄청나게 깨지고 있는 소리가 들리는 겁니다. 천둥 같은 상사의 목소리가 사무실 문을 타고 밖으로까지 나오는데 결재판이 날아가고 난리도 아니었습니다. 주변 직원들까지 얼어 있었죠. 인터뷰를 마치고 나와 친구와 차 한 잔 하면서 물었습니다.

"야, 그 사람 참 너무하더라. 원래 성격이 그러냐?"

"누구? 상무님? 아니야, 그분 좋은 분이야. 보고 내용에 중요한 게 빠져서, 강조하셨던 건데 내가 정신이 나가 있었네. 혼날 만했지. 바로 수정해서 들어갔어. 잘 끝났으니 다행이지 뭐."

어안이 벙벙하면서도 친구가 새롭게 보였습니다. 나중에 듣자니 그 친구는 분위기가 자연스러운 상황을 기다렸다가 상사의 거친 행동에 대한 섭섭함을 직접 말했더군요. 따로 사과를 받고 난

다음부터는 그런 일이 없었다고 했습니다. 대학 다닐 때도 특별히 두각을 나타내지 못하던 친구였지만 저는 그날 그 친구가 한없이 의젓해 보였습니다. 그 친구는 결국 임원이 되었습니다.

우리 사회는 일반적으로 '둔하다'는 말에 대해 좋지 않은 선입견을 가지고 있습니다. 실제로 "저 사람은 둔해"라는 말과 "저 사람은 예민해"라는 말의 의미를 다르게 받아들이죠. 그러나 사람은 때로 긍정적인 의미의 둔감함을 지향해야 합니다. 불행하게도 세상은 타인에게 처음부터 호의적이기 않기 때문입니다. 예민함과 순수함만을 가진 직원들이 재능을 지키지 못하는 경우가 많은 이유가 여기에 있죠. 큰 재능을 가졌지만, 외부의 자극에 예민하게 반응하면서 좌절한 사람들을 주변에서 자주 볼 수 있는 이유이기도 합니다.

성공한 사람들은 공통적으로 일반 사람들보다 평온한 감정을 꾸준히 유지합니다. 그가 가진 재능 말고도 긍정적인 의미의 정신적 둔감력을 함께 가지고 있기 때문입니다. 인간관계나 사회에서 발휘되는 둔감력은 대체로 자신의 본래 재능을 더 크게 키우고 자신의 능력과 힘을 널리 퍼트리는 최대의 원동력이 됩니다.

외부에서 부정적인 기운과 말, 오해를 불러일으킬 수 있는 상황이 오더라도 한 귀로 듣고 한 귀로 흘리며 사실만을 흡수하고 조치할 수 있는 능력이 바로 그것입니다. 좋은 의미의 둔감력인 것이죠. 둔감력을 갖춘 직원이라면 재능이 다소 수수하더라도 그 재능을 잘 키워나갈 수 있는 탄탄한 외피를 가지고 있는 셈입니다. 직원을 채용할 때 이 점을 유심히 봐야 하는 이유입니다.

사장은 개인적인 둔감력뿐 아니라 조직의 둔감력 향상을 위해서도 노력해야 합니다. 루머나 오해로 인해 부정적인 기운이 생기고, 이 부정적 기운이 조직의 재능을 좀먹는 일이 없도록 경계해야 합니다. 그러기 위해서는 지속적으로 당신의 의사를 분명히 전달해야 합니다. 적당한 시기에 정확한 의사를 공유해 주어야 하는 것이지요. 직원들이 예민해져 불필요한 감정을 소모하는 일이 없도록 퓨즈를 끊어 줘야 합니다.

직원들은 서로 간의 경쟁을 피할 수 없습니다. 민감해지기 쉬운 상황에서 일을 하고 있습니다. 누구나 사랑받길 원하지만, 모두가 사랑받을 수 없는 곳이라는 것도 너무나 잘 알고 있죠. 회사

복도에 직원 3명의 이름과 함께 퇴근시간 후에 잠깐 사장님 집무실로 오라는 메시지가 붙어 있다고 생각해 보십시오. 그것을 본 직원들이 얼마나 많은 가설과 오해를 품게 될까요? 가설과 오해에 휘둘리면서 직원들의 생산성은 얼마나 낮아질까요?

비공식적인 소문이 전혀 없는 조직이란 세상에 없을지도 모릅니다. 가끔 유언비어를 통한 이야기가 흘러나오더라도 심각하게 듣지 않고 흘려들을 수 있는 좋은 의미의 둔감력이 조직문화 속에 장착될 수 있도록 하십시오. 본질에 집중하면서 가볍고 밝게 살아가는 방법을 아는 조직은 재능의 싹을 튼튼한 아름드리나무로 순식간에 키워낼 수 있습니다. 직원들이 궁금해 할 수 있는 이야기는 경영진에서 먼저 정리하여 명확한 입장표명을 하는 편이 도움이 될 것입니다. 실행하려는 일의 취지와 장기적인 플랜을 직원들과 수시로 공유하는 조직이라면 서로 간의 시기와 질투도 줄어들 것입니다.

회사에서 추진하는 일의 취지가 무엇인지, 벌어진 상황이 좋은 소식이건 나쁜 소식이건 구체적으로 이해할 수 있는 준거, 진실을 직원들과 함께 공유하는 것은 문제 해결의 중요한 시작이 됩니다. 예민한 것보다 둔한 것이 때로는 더 나은 상황을 만들 수 있습니다. 사무실에 둥둥 떠다니는 부정적 기운으로 감정을 소모하는 회사가 되지 않기 위해 취할 수 있는 선제조치가 무엇인지 그 조치들을 전달할 경로와 방법은 무엇인지 고민해 보기 바랍니다.

16

제대로
칭찬하는 법,
노하우가 있나요

100점짜리 칭찬

모든 언행을 칭찬하는 자보다
결점을 친절하게 말해 주는 친구를 가까이 하라.

소크라테스

직원들에게 권위적으로 보이는 게 싫은데 자꾸 지적을 하고 혼을 내고 맙니다. 매번 후회가 되네요. 직원들의 사기를 높이고 부드러운 업무 분위기를 만들 수 있는 방법을 고민하다 보니 칭찬을 잘 활용하면 좋겠다 싶습니다. 그런데 실천은 참 어렵습니다. 의지를 가지고 보고를 하러 온 직원을 칭찬해보기도 하지만, 일에 대한 진짜 피드백을 주지 못하는 것 같아 이 역시도 제 마음이 편하지 않습니다. 원래 서로의 모습을 아는 사이이기에 갑자기 칭찬을 하는 저도 또 그 칭찬을 받는 직원도 어색하고요. 칭찬, 어떻게 하면 자연스럽고 효과적일까요? 칭찬에도 원칙이 있겠죠?

사장님의 고민에 큰아들이 생각났습니다. 초등학교에 입학할 때쯤 가족 소개를 준비해 오라는 숙제가 있었죠. 아이의 숙제를 도와주다가 아이가 생각하는 엄마, 아빠에 대해 물어볼 기회가 생겼습니다.

"엄마, 아빠는 어떤 부모니?" 질문을 하며 여러 가지 이야기를 나누다가 정신이 번쩍 드는 저의 단점을 들었습니다.

"엄마, 아빠는 칭찬을 건성건성 하는 걸 좀 고쳐주세요. 칭찬을 할 때도 일한다고 노트북만 보고 대충 말해서 가끔 속상해요. '어, 잘했네' 하고 대충만 칭찬하는 부모님이에요."

아들의 불만을 공식적으로 접한 그때부터 저는 칭찬만큼은 진심으로 해 주기 위해 노력하고 있습니다. 친구 부모님들이 아이들을 칭찬하는 방식과 저희의 방식을 비교해서 흉내도 내던 모습이 지금도 생생하죠. 마음이 쓰리고 깨달음이 컸던 하루였습니다. 선물이나 보상보다 눈을 마주보며 진심을 담아 칭찬하는 친구 부모님의 태도가 부럽다는 아들의 마음이 온전히 전해져 왔죠.

그러고 보면, 저는 아이들에게 유난히 자율과 책임을 강조하는 부모였습니다. 아이 혼자 할 수 있다고 생각되는 일들은 일부러 선을 긋고 스스로 해야 한다고 강조했죠. 하고 싶은 일, 사고 싶은 장난감에 대해서도 "여러 번 생각하고 결정해야 한다. 결정한 후에도 잘 관리해야 한다"라며 책임을 무엇보다 강조했습니다.

그러고는 두 돌을 조금 지났을 무렵의 아들이 생각났습니다. 당시 아들은 낱말카드를 가지고 놀기 시작했습니다. 워낙 자동차를 좋아했고 지나가던 자동차를 보면 손가락으로 가리키며 눈이 커지기에 차가 그려진 낱말카드를 사 주었죠. TV에서 봤거나, 외출에서 관심 있게 본 이동수단들이 생생한 그림으로 표현되어 있다는 것이 신기해서 몇 달간 아이는 낱말카드에 빠져 살았습니다. 아침에 일어나면 제일 먼저 낱말카드를 찾았고 어린이집을 다녀와서도 잠이 들 때까지 내내 낱말카드와 놀았습니다. 소방차, 버스, 비행기, 트럭, 자전거······. 자세히 들어야 알아챌 수 있는 발음이었지만 카드를 보며 이름을 말하는 모습이 얼마나 신나

보였는지 모릅니다.

엄마와 아빠는 그저 아이의 흥미가 다른 곳으로 옮겨 가는지 관찰하다가 같이 즐거워해 줄 뿐이었습니다. 말을 시작하고 단어가 늘기 시작하면서 본인의 호기심과 성취감을 동시에 만족시켜 주는 놀이였기에 다른 장난감은 관심 밖이었습니다. 아이는 누군가의 칭찬 없이도 오롯이 즐거운 시간을 가졌습니다. 칭찬해 줄 누군가가 옆에 없어도 아이는 나 홀로 삼매경이었습니다. 누구의 눈치를 보거나 누구의 비위를 맞추고 있지 않았기 때문이죠.

칭찬을 기대하는 사람의 마음을 자세히 들여다보면 상대의 마음에 들기를 바라며 눈치를 보는 감정이 있습니다. 착한 아이가 되면 장난감을 받으니까, 100점을 맞으면 칭찬을 받으니까 연기도 하고 눈치도 봐야 하는 것이지요. 그 안에 자기다움, 혼자서 온전히 느끼는 즐거움이 빠져 있습니다. 어린 시절처럼 날 칭찬해 줄 사람이 없다는 걸 아는 순간부터 나를 움직일 동인動因을 끊임없이 다시 찾아내야 하는 것이죠. 잘못된 칭찬은 자존도 창의도 없는 눈치 보는 사람을 만들어 낼 수 있습니다. 칭찬이 오히려 사람을 망치는 것이지요.

올바른 칭찬은 평가여서는 안 됩니다. 일을 맡은 사람이 잘 해낼 수 있다고 믿는 것, 그리고 잘 해냈을 때 함께 기뻐하고 인정해 주면 충분한 것입니다. 부하 직원에게 일은 상사에게 잘 보이기 위한 과제가 아니라 잘 해내야 할 자신의 과제여야 합니다. 상사가 있건 없건 눈치를 볼 필요가 없죠. 잘 해내야 할 과제라면 오히려 감정에 기반을 둔 칭찬보다 객관적이고 신랄한 비판이 더 목마른 게 자연스러운 현상입니다. 100점을 맞았을 때도 내가 제대로 해내고 싶었던 과제이기 때문에 내면의 즐거움이 저절로 솟아납니다. 외부의 칭찬은 스스로 찾아낸 큰 즐거움을 거들 뿐입니다.

사장님의 칭찬은 어떤 의도를 가지고 있습니까? 단순히 분위기를 부드럽게 만들거나 부하 직원에게 점수를 따려는 의도로 칭찬하지는 않습니까? 혹 결과만 보고 칭찬을 하지는 않습니까?

제대로 된 칭찬의 첫 걸음을 원한다면, 힘들어도 나아가는 부하 직원의 용기를 찾아 칭찬해 주십시오. 무엇보다 중요한 것입니다. 그 시간만큼은 어떤 급한 일도 잠시 덮고 직원의 눈을 보면서 진심을 담아 칭찬의 메시지를 전해 보기 바랍니다. 선생님이 아닌 엄마의 마음으로 전하는 칭찬이 100점짜리 칭찬입니다.

대견한 부하 직원을 불러 이렇게 한번 말해 보십시오.

"자네가 그런 어려움을 극복하고 일을 추진해 내려는 마음이 참 고맙군. 잘 해내리라 믿네. 내가 도울 부분이 있으면 언제든 얘기하게. 뒤에서 응원하겠네."

17

부하 직원이
변변찮아
보입니다

관찰의 힘

관찰이 전부다.
눈으로 볼 수 있는 것에서 시작해라.
그리고 눈으로 발견할 수 있는 것에서 배워라.

레오나르도 다빈치

직원들이 전체적으로 수준이 낮습니다. 전문성도 없고 무엇보다 업무에 임하는 태도가 엉망입니다. 보고자료 준비나 회의에 참석하는 자세와 같은 기본적인 문제도 하나하나 지침을 주고 있습니다. 심지어 중간관리자들도 보고 자료에서 논리적 흐름의 오류는 물론 오자, 탈자까지 잡아 줘야 하고, 회의에서 참신한 아이디어를 내는 사람도 찾기 어렵습니다. 가끔은 정말 대책이 없는 친구들 같이 느껴지네요. 도대체 어디서부터 이 친구들을 잡아 줘야 할까요?

리더십 코칭을 진행하던 어느 사장님의 하소연입니다. 외국에
서 박사학위를 받은 이분은 똑똑하기로는 둘째가라면 서러울 분
이었습니다. 논리와 달변을 앞세워 이야기할 때면, 주변 사람들이
기에 눌리는 일이 많았죠. 직원들은 이 '어마무시한' 리더 덕분에
보고와 회의 때마다 자존심에 상처를 입었습니다. '나는 옳다, 나
만큼 일을 잘 아는 사람이 전혀 없다'라고 생각하는 리더 때문에
부하 직원들은 살얼음 위를 걷는 듯한 생활을 하면서 새가슴이
되어갔습니다.

　　푸념을 한참이나 늘어놓던 사장님께 부하 직원의 장점과 단
점을 구체적으로 묻는 질문을 해 보았습니다. 방금 전까지 열을
올리던 분이었지만 정작 부하 직원 하나하나를 자세하게 설명하
지 못했습니다. "긴 시간을 두고 구체적으로 직원들을 관찰한 적
이 있으신가요?"라는 질문에 대답을 하지 못하더군요. 코칭 현장
에서 만난 대부분 리더들이 부하 직원에 대해 자세히 설명해 달

라는 질문을 받는 순간 당황합니다. '내가 그 친구에 대해서 생각보다 아는 것이 없구나'를 느끼게 되는 경우가 많죠. 본인의 리더십부터 성찰해야 하는 코칭의 특성을 고려하면 코치와 피코치에게 이 질문은 아주 강력한 도구입니다. 상대방을 잘 안다고 생각했는데 '그건 나의 착각이었다'라고 느끼는 일은 누구에게나 유쾌하지 않습니다. 리더의 경우라면 더욱 그렇죠. 내가 좋은 리더가 아니었을지도 모른다는 반성이 한꺼번에 찾아오기도 합니다.

유능한 리더와 그렇지 못한 리더를 구분한다는 것이 쉽지 않지만 이것만큼은 확실합니다. 유능한 리더는 부하 직원을 면밀하게 관찰하는 법을 알고 있습니다. 감정이 아니라 관찰로 그들을 이해하려 노력한다는 점이 다른 리더들과 다릅니다. 부하 직원을 자세히 들여다본 사실을 꾸준히 기록하는 일만으로도 리더십은 폭발적으로 성장할 수 있습니다. 사례를 보면 어렵지 않다는 걸 알게 되죠. 다음은 감정을 배제하고 부하 직원을 객관적으로 관찰한 결과를 기록한 글입니다.

- 김 부장이 이번 주 신규 고객 7명을 확보했다.
- 박 과장은 중요한 입찰을 위해 경쟁사 분석부터 시작했다.
- 신 차장은 부하 직원들과 월 평균 2회씩 면담을 한다.
- 이 대리는 최종 보고 3일 전에 중간 보고를 하고 피드백을 받아 보완했다.

만약 사장님이 부하 직원의 일거수일투족을 한심하게 생각하는 리더라면 현장으로 돌아가서 다시 그들을 자세히 관찰해 보길 바랍니다. 그리고 아주 객관적으로 부하 직원의 의미 있는 행동을 기록해 보십시오. 있는 그대로의 사실을 기록하다 보면 그의 새로운 장점과 패턴이 보일 것입니다. 부하 직원을 자세히 보기 위한 노력은 긴 직장 생활을 뒤로하고도 꽤나 생소한 경험이라는 사실도 깨닫게 될 것입니다. 하루 종일 부하 직원과 함께 지내지만 대부분의 시간을 사람에게 집중하지 않고 업무에 흘려보내기 때문이죠.

모든 사람은 대단하며 동시에 대단하지 않습니다. 대단하지 않아 보이는 사람도 선입견을 걷고 자세히 들여다본다면 그 사람만의 대단한 모습을 발견해 낼 수 있습니다. 직원을 면밀히 들여다보지 않고 선입견에 휘둘려 이끄는 일은 리더십의 낭떠러지로 가는 지름길임을 잊어서는 안 됩니다.

하나 더 주의할 점은 한번의 관찰로 사람을 규정해서는 안 된다는 것입니다. 그 사람에 대한 어떠한 장면도 꾸준한 관찰로 이어지지 않는다면 아주 작은 조각, 단편에 불과합니다. 역사상 최고의 관측 천문학자라고 불리는 튀코 브라헤가 남긴 "단 한번의 관찰로 그 별을 단정하지 말라"라는 말의 지혜를 전하고 싶습니다.

그는 맨눈으로 가장 정밀한 천문 관측을 남긴 귀족 출신의 천문학자로 잘 알려져 있습니다. 또 아리스토텔레스의 천문학을 부정하는 관측 증거를 발견했지요. 관찰이 가장 정교화된 분야의 권위자인 그조차도 새로운 별자리 발견을 공표하기 전에는 여러 번 자세히 관찰하라고 조언하고 있습니다.

새로운 별이 발견되더라도 카시오페이아 별자리를 기준으로 위치를 정한 뒤 그 위치가 혜성이나 소행성처럼 변하는지 아니면 항상 똑같은 곳에 자리 잡고 있는지를 살펴보며 색깔의 변화까지 자세히 관찰합니다. 18개월 동안 날마다 관찰하고 측정한 끝에 그 별은 내내 제자리를 지킨다는 것을 확인하죠. 정말로 새로운 별이었다고 그제야 말할 수 있는 것입니다.

관찰은 고객을 가장 정확하게 알아가는 방법이기도 합니다. 소비자의 습관을 관찰하면서 혁신의 실마리를 잡아냈던 알루미늄 제조사 알코아^ALCOA. 음료 회사가 가장 큰 고객이었던 알코아는 캔 음료 판매율이 계속 낮아지는 시장 상황으로 고민하다가 최종 소비자를 관찰해야겠다는 결심을 하고 소비자들의 주방으로 직접 들어갔습니다. 캔 음료를 어떻게 마시고 보관하는지 사소한 과정까지 눈을 고정하며 관찰하여 의외의 발견을 해낼 수 있었죠.

고객들이 마트에서 주로 구입하는 것은 12개들이 캔 음료 패키지였는데, 그것을 구입하면 그중 3~4개만 뜯어서 냉장실에 보관했습니다. 남은 음료를 주방 구석에 보관해 두다가 냉장실로 옮기는 것을 잊어버린 고객은 주스와 비탄산 음료로 냉장실을 채웠습니다.

알코아는 고민 끝에 기존의 크고 터프한 박스를 대신할, 길고 얇은 모양의 박스인 '프리지 팩Fridge Pack'을 만들었습니다. 냉장고에 쏙 들어가는 일명 '냉장고 팩' 아이디어 덕분에 알코아의 매출은 다시 회복되어 상향 곡선을 그렸습니다. 알코아의 가장 큰 고객사였던 코카콜라는 냉장고 팩의 기적을 일컬어 S자 모양의 콜라병 이후 가장 위대한 혁신이라고 칭찬했습니다.

일상은 보는 것의 연속입니다. '본다'와 '관찰하다'라는 두 단어가 비슷하게 들리지만, 관심을 가지고 자세히 들여다보지 않으면 눈을 뜨고도 중요한 정보를 놓칠 수 있습니다. '보이는 것이 전부일까?', '나는 지금 무엇을 놓치고 있을까?', '스치듯 보았을 때 보이지 않는 것은 무엇이었을까?'를 스스로 물어 보십시오. 관찰로 얻은 정보들은 당신의 경영과 인생을 풍요롭게 해 줄 것입니다.

18

더없는 위기 상황, 직원들은 너무나 느긋합니다

사장의 거울

훌륭한 리더는 결과가 나쁠 때에는 창문 밖이 아니라
거울을 들여다보며 자신에게 책임을 돌리고,
성공했을 때에는 거울이 아니라 밖을 내다보며
다른 사람들과 외부 요인들, 행운에 찬사를 돌린다.
짐 콜린스_경영사상가

지난주 제일 큰 고객이 협력사 사장들을 다 불러들였고, 그 자리에서 품질, 납품과정의 여러 가지 문제점을 지적받았습니다. 무거운 마음으로 돌아와서 사태의 심각성을 담아 전 직원에게 이메일을 보냈죠. 그런데 일주일째 메일에 회신을 하는 사람이 없습니다. 저에게 직접 의견을 주는 사람도 물론 없습니다. 회사로서는 더없는 위기 상황인데, 직원들은 너무나 느긋해 보입니다. 저만 속이 타는 걸까요?

보스는 두려움을 만들고 리더는 확신을 만듭니다. 보스는 일을 힘들게 만들고 리더는 일을 재미있게 만듭니다.

제게 전달해 주신 메일을 보니 사장님이 겪었을 당황과 좌절, 상황에 대한 심각성은 전해졌지만 직원들에게 어떤 확신을 주고자 했는지, 어떻게 다음 일을 흥미롭게 해 나갈지에 대한 메시지는 찾아보기 힘들었습니다.

비장한 사장님의 이메일을 여러 번 읽은 후에 직원들의 머릿속이 더 어지러웠을지도 모르겠더군요. 누가 먼저 얘길 꺼내야 할지 고민 중이거나 혹은 사장님께서 화두를 열어 주길 숨죽이며 기다리고 있을 것 같았습니다.

직원들에게 전하고 싶었던 사장님의 핵심 메시지는 무엇이었을까요? 누구 때문에 이 상황이 벌어진 것인지에 대한 질책을 하고 싶었던 걸까요? 아니라면 직원들과 이 심각한 상황을 공유하며 난국을 함께 헤쳐 나가자는 말씀을 하고 싶었던 걸까요?

리더십을 이야기하면서 전문가들이 자주 입에 올리는 물건이 있습니다. 바로 거울입니다. 리더의 행동은 조직의 거울이라는 비유가 여기서 등장합니다.

직원들은 행동방식이나 사고방식까지도 리더를 기준으로 삼습니다. 얼마나 헌신하고 얼마큼 노력해야 하는지, 어느 선까지 예의를 갖추어야 하는지, 어느 정도로 정직해야 하는지에 대한 판단이 모두 리더의 모습을 비추어 내려진다는 말입니다.

그러나 리더에게 거울은 하나가 아닌 둘이어야 합니다. 리더의 두 번째 거울은 조직을 운영해 나가면서 책임을 져야 할 일이 있을 때 자신의 얼굴을 비추는 용도입니다. 훌륭한 리더는 성과나 결과가 나쁠 때 이 두 번째 거울을 들여다보며 자신에게 책임을 돌려야 합니다. 반대로 성과가 좋을 때에는 거울이 필요하지 않습니다. 같이 일했던 동료들과 환경, 때로는 행운에 찬사를 돌려야 합니다.

성과가 좋지 않았을 때 혹은 천재지변에 준하는 위기가 회사에 닥쳤을 때 리더가 거울을 바라보는 방식이 고스란히 담겨 있는 메일이 있어 공유해 봅니다.

존경하는 친구들에게

제 마음은 매우 무겁습니다. 직원의 메르스 확진 사실을 안
오전부터 지금껏 모든 사람에게 미안한 마음을 깊이 가지고
있습니다. 무슨 수를 써서라도 환자의 건강을 회복시킬 수 있
다면 좋겠습니다. 회사 동료와 부모 및 형제자매의 건강을 확
보할 수 있다면 어떤 대가라도 지불하겠습니다.
어떤 해명을 해도 아무 의미가 없다는 걸 압니다. 일은 이미
터졌기 때문입니다. 저는 직원들을 위해 적절한 예방 조치를
취하지 못한 데 유감을 표시합니다. 우리 회사의 업무 능력은
대한민국 1등이지만 우연히도 우리가 메르스에게 당하고 말
았습니다.

확실히 이번 사건은 회사의 부족한 점을 느끼고 반성해야 할
부분이 있습니다. 저는 회사의 대표로서 가능한 모든 책임을
질 것입니다. 그러나 이성과 지혜는 제게 질책하고 원망할 시
기가 아니라고 알려줍니다. 모두가 힘을 합해 난관을 극복하
고 도전을 받아들여야 합니다. 우리 회사는 젊습니다. 이러한

재난을 겪은 후 빨리 성숙해질 것입니다.

재난은 결국 지나가고 일상은 계속될 것입니다. 재난에 맞서는 동시에 우리는 스스로 좋아하는 일에 매진해야 합니다. 저는 여러분이 자랑스럽습니다. 스스로 이런 회사를 선택해 열정을 불태운다는 것이 자랑스럽습니다. 놀라서 주눅 들거나 비관하지 않고 낙관적으로 오히려 다른 직원들에게 위로를 전하는 김○○ 대리의 모습에서 회사의 미래를 봅니다. 이것이 바로 우리의 가치관이 작동하고 있다는 증거입니다.

△△인은 이 편지를 존경하는 친척, 친구와 우리 때문에 걱정할 모든 사람에게 전해 주십시오. 모든 사람에게 저의 깊은 미안한 마음을 전해 주십시오.

아픈 동료가 빨리 건강을 회복할 수 있도록 우리 같이 기도합시다. 다시 한번 깊이 사과합니다. 모두 건강하시길 진심으로 기원합니다.

From. 대표사원 ○○○

사장의 단 한 가지 역할이 무엇인지 여실히 드러나는 메일이지요? 회사는 경영자도 주주도 아닌 직원의 것입니다. ~~외부에서 큰 위기가 위협할 때 사장은, 누구보다 직원들과 같은 편에서 그들을 위로하고 응원해야 합니다.~~ 직원들 또한 사장과 함께 기꺼이 힘든 시간을 버티겠노라 서로 응원하고, 이것을 결국 회사에 좋은 일이 되도록 만드는 것이 바로 사장의 역할입니다.

잊지 마십시오. 직원들은 사장님에게 힘과 용기를 얻고 싶어 합니다. 사장님의 무거운 메일을 읽고 눈치만 볼 직원들의 마음을 먼저 어루만지고 더 나은 1년을 준비하기 위한 의견들을 먼저 나누어 보기 바랍니다.

19

사람을
키우고
싶습니다

질문력

나는 여섯 명의 정직한 하인이 있었다.
그들은 내가 아는 모든 것을 가르쳐 주었다.
그들의 이름은 어디, 무엇, 언제, 왜, 어떻게 그리고 누구다.

조지프 러디어드 키플링_영국의 소설가

취직하면 공부가 끝난 거라고 생각하는 친구들이 있더군요. 직원들에게 업무에 도움이 될 만한 책을 추천해 주고, 경험담을 얘기해 줘도 그때뿐입니다. 저희 때만 해도 일과시간이 끝나고 따로 남아 전문서적을 찾아가면서 공부를 했는데, 선배들이 귀찮다고 그만 좀 쫓아다니라고 할 정도였죠. 부하들을 저보다 더 역량 있는 전문가로 키우고 싶은데 짝사랑인가 봅니다. 방법이 없을까요?

"아기의 심장에 구멍이 있군요."

한 산모가 첫 아이를 출산하고 행복에 잠기려는 순간 담당 의사가 말을 건네 왔습니다. 밤에 혼자 남은 그 산모는 '이 아이를 살릴 수 있을까? 제대로 키울 수 있을까?' 하는 불안한 마음을 떨칠 수 없었습니다. 산모는 한참을 뒤척이다 깊은 새벽이 될 무렵, 아이를 보고 싶다는 생각에 신생아실을 찾았습니다. 아직도 눈을 떼지 못하는 아이를 보자 참았던 눈물이 쏟아집니다. 그때 한 간호사가 지나가다가 아이를 보면서 오열하는 산모를 보았습니다. 간호사는 산모를 휴게실로 안내한 뒤 모든 이야기를 전심으로 들어 주었죠. 그리고 마지막에 상냥한 목소리로 한마디를 던집니다.

"그런데 심장에 구멍이 있는 아기는 필요 없으신가요?"

산모가 깜짝 놀라서 대답합니다.

"아니요."

"맞아요. 사연이 있지만, 아기가 하늘에서 당신을 찾아왔잖아요. 아기가 걱정되면 언제든 신생아실로 오세요."

조금 전까지 아기의 장래에 대한 불안으로 괴로워하던 산모는 간호사의 질문 하나로 가장 중요한 사실을 깨닫게 되었습니다. 소중한 아기가 큰 어려움에도 불구하고 엄마에게 찾아온 것이지요.

베테랑 간호사 덕분에 아이를 훌륭한 딸로 잘 키워낸 어머니는 평생 그 질문을 떠올리며 살고 있습니다. 불안했던 날들이 감사로 바뀌었던 순간을 잊을 수 없었지요. 이 이야기는《눈물이 나올 만큼 좋은 이야기》라는 책에 실려 있는 실화입니다.

이 실화 속의 간호사처럼 고수는 질문을 적절하게 잘 활용합니다. 협상, 설득과 같은 사업상의 자리에서도 처음부터 자신의 의견을 강하게 피력하는 사람보다, 상대방의 이야기를 조용히 경청하며 질문을 던지는 사람들이 고수인 경우가 많습니다. 사람의 몸은 대부분 물로 이루어져 있지만 정신의 대부분은 자존심과 콤플렉스가 차지할 것입니다. 이는 다른 사람의 지시와 명령을 받았을 때 나의 움직임과, 스스로 묻고 답한 나의 움직임이 다르다는 것을 의미합니다. 흔쾌히 움직이는 쪽은 질문과 답을 내가 내린 후자일 것입니다.

특히 사장의 자리에 있는 사람이라면 '사람은 남의 말을 따르기보다 자신의 결정에 따라 움직이기를 좋아한다'는 사실을 염두에 둘 필요가 있습니다. 사장은 회사의 정점에서 조직의 성과와 직원 육성이라는 두 가지 큰 책무를 관장하고 있으며, 적절하고 정확한 질문을 통한다면 두 책무의 완성도를 높일 수 있기 때문입니다. 사장은 바로 이 '질문'을 통해 목표한 자리로 사람을 이끌고 가는 힘, 부하 직원의 머리와 가슴을 가동시키는 힘을 활용해야 합니다.

고대 그리스 철학자 소크라테스는 당대 최고의 달인으로 불렸지만, 그는 '무지의 지智'를 내세워 "나는 아무것도 모른다. 유일하게 내가 아는 것은 내가 아무것도 모른다는 것뿐이다"라고 말하고는 했습니다. 그럼에도 너무 많은 변론가를 굴복시킨 탓에 그는 큰 원한을 샀고, 사형으로 인생을 마무리했습니다.

뭐든지 아는 것처럼 으스대는 변론가들 사이의 논쟁에서 그는 어떻게 그들을 굴복시킬 수 있었을까요? 소크라테스의 무기는 질문이었습니다. 상대에게 질문하고 답을 들은 뒤 다시 질문하는 방식을 고수하면서 상대방의 대답 속에서 모순을 찾아내는 논쟁 기술을 활용한 것뿐입니다.

먼 과거로 거슬러 올라가지 않더라도 질문의 위력은 자주 발견됩니다. 노무현 전 대통령이 청문회에서 국민적 스타로 부상하게 된 이유, 손석희 앵커가 시사 프로그램 최고의 사회자로 각광받는 이유, 법륜 스님의 즉문즉설에 그 많은 사람이 열광하는 이유도 이 질문의 위력과 맞닿아 있습니다.

사람을 키우는 일에서 질문의 위력은 더 커집니다. 얼핏 보면 질문보다 명령이 효과적인 것처럼 보일 수 있습니다. 질문보다 지시가 편하지요. 지시받은 그대로 시키기만 했던 상사가 질문을 하기 위해서는 지시받은 사항을 제대로 이해하고 정리하는 시간을 가져야 하기 때문입니다. 준비 없이는 질문을 활용할 수 없습니다. 그런 의미에서 게으른 상사에게 질문은 비효율이며, 거추장스러운 도구입니다. 대충대충 일하는 부하 직원에게도 질문은 귀찮은 일입니다. 지시받은 일만 하던 때에는 드러난 최소한의 일만 하면 되었지만, 질문을 하려면 그 일을 곱씹고 전후좌우를 살펴야 하기 때문에 몇 배의 에너지가 필요한 일이죠. 회사에서 질문을 주고받는 상사와 부하 직원이 많아진다면 열정이 있는 상사와 주도성이 있는 부하 직원이 늘고 있다는 신호로 받아들여도 좋습니다. 이들이 질문을 통해 또 얼마나 성장하고 소통할까요. 이런 사람들이 모이면 점점 직원이 알아서, 찾아서 일하는 회사로 성장할 것입니다.

확실한 이해를 요구하는 직업이라면 더욱 질문이 필요합니다. "어떻게 하는 것이 좋은 것 같아?"로 바로 대답이 나오지 않는다면 "이렇게 생각해 보면 어떨까?" 하는 힌트를 활용해서 상대가 문제를 풀어올 것이라는 믿음과 내가 적극적으로 돕겠다는 선의를 꾸준히 내보여야 합니다. 질문의 엔진이 가동될 때까지 시도가 멈추어서는 안 됩니다.

사업가로서 질문을 잘 활용하는 사람은 안전한 곳에 숨어서 남을 공격할 수 있는 것과 같습니다. 대답하는 사람보다 늘 유리한 고지에 서 있는 셈입니다. 상사로서 질문을 잘 활용하는 사람은 부하 직원의 잠재력을 업무 현장에서 끌어낼 수 있는 사람입니다. 미켈란젤로가 남자의 몸을 완벽한 곡선의 아름다움으로 재현해 낼 수 있었던 것처럼 단순한 돌덩이에서 다비드의 모습을 이끌어 낼 수 있는 능력을 가진 셈입니다.

사장님, 이처럼 질문이라는 유익하고 강력한 도구를 통해서 성과와 인재 육성의 두 마리 토끼를 잡아보길 바랍니다. 무럭무럭 성장하는 회사의 실적 그래프를 보면서, 또 지시할 일이 점점 줄어들게 된 자신을 보면서 콧노래를 부르게 될 날이 찾아올 것입니다.

2부

진정한 나로서
살아가기 위하여

20

혼자 있는 시간을 어떻게 보내야 할까요

묵상이 주는
위로

아무도 그대의 공허함을 채워 줄 수는 없다.
자신의 공허함과 조우해야 한다.
그걸 안고 살아가면서 받아들여야 한다.
오쇼 라즈니쉬_인도의 사상가

한 해 한 해, 가을은 점점 짧아지는데, 회사 건물 옥상에서 보는 이맘때의 석양도 놓치고 흘려버리고 있네요. 전에 가끔 번아웃을 느낀 적은 있었는데, 요즘은 위험하다 생각될 때가 많습니다. 예민하다고 해야 하나, 말 한마디에도 가시가 있는 저를 발견하는 일이 잦아지네요. 이러지 않았는데…….

여러 가지 고민으로 머리가 어지럽다는 사장님을 뵙고 돌아오는 길, 저는 일부러 조금 걸었습니다. 일상 속에서 이렇게 특별한 만남을 가진 후에는 여운을 곱씹을 수 있는 시간을 따로 만듭니다. 특히나 낯설고 조용한 골목을 천천히 걷는 게 제게는 마치 조용한 숲을 걷는 듯 좋았습니다. 30분 남짓 지하철역까지 걸어가는 길이 좋은 시집을 한 권 사서 꼭꼭 눌러 읽은 것처럼 충만한 시간으로 채워지더군요.

　사장님께도 늘 "혼자 있는 시간을 많이 가지십시오"라고 조언을 드렸지만 오늘은 유난히 사장님만의 숲이 필요한 듯 보였습니다. 신사업을 시작한 해 첫 연말을 앞두고 있고, 또 믿었던 임원이 많은 우여곡절 끝에 퇴사했다고 하셨지요. "머릿속에 여러 가지 생각이 실타래처럼 꼬여 있다"라는 말씀이 어떤 뜻인 줄 알기에 더욱 본질적인 것만 대면해 보길 강조했는지도 모릅니다.

사실 제가 만나 본 사장님들 중에는 혼자 있는 시간을 잘 활용하지 못하는 분이 많습니다. 아니 그 시간을 견디지 못하는 분이 많다는 말이 더 맞는 듯합니다. 심지어 남들과 같이 있어도 심리적으로 혼자인 상태가 되는 것이 싫다고 하시는 분들이지요. 그러나 사장의 자리는 외로움과 혼자 있는 시간의 차이를 분명히 이해해야 하는 자리입니다. 피해 갈 수 없었던 시행착오 속에서 통찰을 얻고, 나다운 의사결정을 위해 내면의 고요함을 지켜야 하니까요.

혼자 있는 시간을 잘 활용하는 분들은 이를 묵상의 시간으로 보냅니다. 외로움을 견디기 힘들 때면 혼돈과 어둠 속에서 자신의 목소리를 듣는 고요한 시간으로 활용합니다. 스스로 자유를 선물하는 셈이지요.

사장님 역시 누구보다 바쁜 분이지만 온전히 자신에게 시간과 정성을 투자하는 습관을 만들어야 합니다. 왜 사는지에 대한 질문, 어떤 경영을 할지에 대한 질문을 던지고 일상의 몰입 경계를 넘나들 수 있다면 사장님의 회사는 더욱 일류 기업에 가까워질 것입니다. 사장님에게 경영은 곧 인생이 아닌가요?

자발적으로 인생을 혼자 있는 시간으로 채웠던 19세기 미국의 사상가 겸 문학가인 헨리 데이비드 소로의 이야기를 전하고 싶습니다. 그는 보스턴 북서쪽에서 40분을 달리면 나오는 콩코드라는 조그마한 시골의 숲 속에서 자급자족을 하며 2년을 보냈습니다. 하버드대학교 출신의 엘리트였던 그가 숲으로 들어갈 때 사람들은 세상을 등지고 '루저Loser'의 길을 걷는다고 손가락질했지만, 그는 숲에서 오롯이 인생의 핵심에 집중했습니다. 결국 소로는 인생의 핵심이 자연에 있음을 깨달았고, 그 정수를 담은 위대한 책《월든》을 썼습니다.

소로는 귀뚜라미 울음도, 버드나무에 깃든 개똥지빠귀의 지저귐도, 낙엽이 깔린 산길을 걷는 신선하고 즐거운 경험도 놓치지 않았습니다. 측량 일을 하면서 들은 메아리 소리가 그의 하루 중 가장 기억에 남는 일이 되기도 했습니다. 자연 안에는 인간 세상과는 다른 종류의 자유가 가득했습니다. 그는 다른 무엇을 추구했을 때보다 만족한 삶의 방식을 택했던 것이겠지요.

같은 마음에서 서울대학교 종교학과 배철현 교수는 호숫가 근처 조용한 곳으로 이사를 합니다. 혼자 있는 시간과 공간을 확장하기 위해 수고를 마다치 않습니다. 깔끔하다 못해 적막한 그곳에서 그는 새벽 첫 시간을 내어 오늘 할 일을 깊이 생각하고 사람 속에서의 깨달음을 정리합니다. 이를 위해 먼저 문 밖에 있는 아내에게 방문을 잠가 달라고 요청한 뒤 좌선을 하듯 반가좌를 합니다.

혼자만의 시간 속 묵상은 놀라운 생산성을 가져오는 리더들만의 충전 방식입니다. 대통령도 사장도 모두 이런 충전이 우선적으로 필요한 사람들이라고 저는 생각합니다. 혼자 있는 시간이 선진국을 만들고 위대한 기업, 위대한 사람을 만듭니다.

사장님에게 가장 중요한 시간을 확보하기 위해 때로는 두 번째, 세 번째 중요한 것을 버려야 합니다. 그것이 지금 내야 할 용기입니다. 자발적으로 혼자 있는 시간을 선택하고, 그 속의 묵상을 즐기십시오. 혼자만의 방에서 회사의 현재와 미래에 대한 화두를 꺼내어 깊이 생각하고 그 깨달음을 정리하는 시간을 가지길 바랍니다.

21

공식적인 자리의
스피치,
너무 어려워요

나만의 스토리

남을 설득하려고 할 때는
자기가 먼저 감동하고
자기를 설득하는 데서부터 시작해야 한다.
토머스 칼라일_영국의 비평가 겸 역사가

회사의 체계를 만들기 위해 핵심가치를 수립하고자 합니다. 핵심가치에 대한 직원들의 이해와 공감을 돕기 위해 전 직원이 정기적으로 모일 협의체가 필요하다는 의견이 있었죠. 그래서 두 달 전부터 주 1회, 매주 월요일 아침 주간조회를 통해 핵심가치를 되새기고, 필요한 정보와 직원들의 동정도 나누는 유익한 시간을 갖고 있습니다. 그런데 제가 문제입니다. 조회 제일 앞 단에 'CEO 스피치'라는 코너를 마련했는데 제게 주어진 20분이 하루 같더군요. 주말마다 성의 있게 연설문도 준비하고 리허설도 하는데 어렵네요. 100명 넘는 직원이 저만 쳐다보고 있는데 부담도 되고, 졸고 있는 직원이 많아 속도 상합니다. 직원들과 사무실에서 만나 대화를 나눌 때는 전혀 느끼지 못했던 애로사항이네요.

연설은 대화보다 외로운 게임입니다. 대화가 상대와 이야기를 주고받는 쌍방향의 의사소통이라면, 연설은 참여하지 않는 상대방의 바짓단을 붙잡고 설득해야 하는 한 방향의 접근이기 때문입니다. 여기서 힌트를 얻는다면 상대방과 나의 이야기를 함께 담아낼 때 연설도 대화처럼 상대의 호응을 이끌어 낼 수 있다는 사실입니다.

　하버드대학교 비즈니스스쿨에서 이를 증명하는 조사결과를 내 놓았습니다. 연설문 작성 분야의 최고 전문가 13명을 모아 놓고 연설문 작성에서 가장 중요한 것에 대한 설문을 진행했죠. 정치, 법률 분야의 최고 권위자들을 보좌하는 그들 속에 버락 오바마의 연설문 작성 책임자 코디 키넌도 포함되어 있었습니다. 매번 중요한 연설을 앞두고 면벽 수도를 하듯 고민하며 하얀 컴퓨터 화면을 치열하게 채워 나가던 베테랑들이 꼽은 좋은 연설문을 위한 비결 1순위는 무엇이었을까요.

무엇보다 그들은 "연설하는 사람, 자신의 이야기를 풀어 놓아라"라는 원칙을 지키기 위해 노력하고 있었습니다. 연설자만이 할 수 있는 사적인 이야기를 찾고, 전달해야 할 핵심 메시지 앞에 그 이야기를 적절하게 배치하는 시도를 끊임없이 해 왔다고 그들은 말합니다.

명연설의 노하우는 대단한 논리가 아닌 나와 청중을 연결하는 고리를 찾아 핵심 메시지와 이어주는 것이었습니다. 자신의 지극히 사적인 이야기를 풀어 놓는 순간 연설자의 긴장은 사라지고, '연설자도 나와 비슷한 사람이구나'를 느끼는 순간 연설자에게 관심이 없던 청중의 호기심이 살아난다는 게 이유였죠. 예를 한번 볼까요?

저는 여섯 살짜리와 세 살짜리 딸 곁에 앉아서 책을 읽어 주다가, 아이들이 잠에 들면 이불을 덮어 주곤 합니다. 그럴 때 저는 천국에 온 느낌입니다.

미국에서 매년 6월에 열리는 미국도서관협회의 연례대회에서 진행된 연설의 일부입니다. 전 미국에서 수천 명의 사서와 기타 도서관 관련 업계 종사자들이 모여 분야에 따라 사례 발표와 새로운 연구 발표가 이루어지는 행사죠. 매년 전국의 도시를 돌아가며 열리는 이 행사가 지난 2005년에는 일리노이 주 시카고에서 열렸습니다.

그해에 이 행사에는 그 지역의 젊은 정치인 한 사람이 초청을 받았고 그 사람은 사서들과 도서관 종사자들 앞에서 연설을 했습니다. 자신의 측근에 있는 사람이 도서관 사서의 아들이라는 말로 시작한 그는 어린 시절 학교 도서관에서 말썽을 부려 사서 선생님들을 고생하게 만들었던 것을 사과하기도 했습니다. 그리고 자신이 생각하는 천국의 모습을 책과 연결하며 중간 중간에 청중을 몰입시킵니다.

'교육이 기회의 토대'라는 무거운 메시지를 청중이 들을 준비가 되기까지 연설자는 끈기를 가지고 그들의 마음을 두드렸습니다. 그리고 그 마음을 열었습니다. 마음이 열린 청중은 연설자와 대화하듯 고개를 끄덕이며 편안한 마음으로 연설자의 손을 바라보고 무거운 설득의 메시지까지 긍정하며 받아들였습니다. 연설을 했던 젊은 정치인은 3년 후 미국 최초의 흑인 대통령이 되었습니다. 바로 버락 오바마의 일화입니다.

사람들은 태생적으로 이야기에 끌립니다. 이야기는 듣기 좋은 것이라고 몸이 기억하고 있습니다. 어릴 적 할아버지, 할머니 혹은 부모님이 들려주시던 이야기를 들으며 행복했던 느낌을 기억하기 때문이죠. 한없이 다정하던 이야기꾼의 품, 그 따스함에 대한 추억이 연설자가 "짧은 이야기로 시작하겠습니다" 하는 순간 함께 되살아나는 것이죠.

왜 공적인 자리에서 사적인 얘기를 해야 하는지 모르겠다는 사람들이 있지만 연설자가 겪은 경험에 청자는 자연스럽게 감정이입을 하게 된다는 점을 주목해야 합니다. 나와는 다른 삶을 살아왔고 다른 생각을 할 줄 알았던 사장님도 결국 나와 비슷한 경험을 했으며, 나와 비슷한 삶을 살고 있다고 깨닫는 순간 직원들은 메시지가 진솔하다고 느끼고, 친밀감을 갖게 되는 것이지요. 자신의 경험을 이야기하는 연설자는 그래서 더 호감이 가고 믿을 만하다고 사람들은 느낍니다.

연설자의 목표는 자신이 얼마나 똑똑한지를 보여 주는 것이 아닙니다. 청중과 소통하는 것이죠. 청중을 어떻게 몰입시킬 것인가에 대한 해답은 자신의 이야기 속에서 찾으면 됩니다. 상대의 감정을 불러일으키기 위해서는 자신의 진심과 감정이 담겼던 순간을 찾아, 꺼내면 되는 것입니다.

청중은 자신과 상관없는 복잡한 이야기에 귀를 기울일 인내심을 가지고 있지 않습니다. 논리와 카리스마보다 더 강력한 비법, 당신만의 이야기로 그들의 마음을 두드리고 리드하길 바랍니다.

22

부족한 아이디어, 어디에서 얻을 수 있을까요

진정한 독서의 가치

책은 가장 조용하고 변함없는 벗이다.
책은 가장 쉽게 다가갈 수 있고 가장 현명한 상담자이자,
가장 인내심 있는 교사다.
찰스 W. 엘리엇_하버드대학교 전 총장

마른 수건을 짜는 것처럼 마음이 답답합니다. 운전하는 시간이라도 줄이고 싶어서 기사 딸린 차로 바꾸기도 했지요. 그 시간이라도 활용해서 사업에 대한 새로운 아이디어를 떠올릴 수 있었으면 좋겠는데, 새로운 것, 아이디어에 대한 갈증은 크지만 저는 본래 창의력이 없는 사람이라 방법을 모르겠네요. 아이디어가 샘솟는 리더가 되고 싶은데 방법이 없을까요?

앞서가는 기업들은 이제, 새로운 아이디어를 얻는 창의력은 타고나는 것이 아니라고 믿고 있습니다. 누구든 일정한 프로세스를 거치면 세상에 없던 상품, 서비스를 고안해 낼 수 있다고 믿는 생각이 바로 그것입니다.

세계적인 디자인 회사 아이데오^{IDEO}의 협업 방식을 보면 창의성은 선천적인 재능이 아니라 프로세스에 의존합니다. 이 회사는 고객에게 디자인 의뢰를 받으면, 직원들이 모여 아이디어 회의를 합니다. 회의 초반에 참가자들은 거칠고 다양한 아이디어를 쏟아 낸 후 난상토론을 거쳐, 더 깊은 수준까지 파고드는 '딥 다이브 Deep Dive'의 국면으로 들어갑니다. 여기서 아이디어는 격렬하게 충돌하고 섞이고 조각나지만, 아이디어의 건설적 충돌을 활성화하겠다는 생각에는 흔들림이 없습니다. 이런 혼돈을 즐기며 그들은 목표를 향해 전진합니다. 아이데오는 이것을 '목표가 있는 혼돈 Focused Chaos'이라 부릅니다.

그러나 중소기업의 업무 환경을 들여다보면 아이데오식의 프로세스로 직원들을 바로 이끌고 들어가기란 쉽지 않습니다. 창조 프로세스에 대한 생소함과 거부감이 있을 테고, 자유로운 토론에 대한 머뭇거림이 있을 테고, 또 단기간에 아웃풋을 명확하게 내놓기 어려운 작업들이 대부분이라는 벽에 부딪히기도 할 것입니다. 창의적인 아이디어 도출을 위한 본 프로세스로 직원들을 이끌기 전에 준비운동이 필요합니다. 협업에 앞서 각자가 창의성에 시동을 걸 수 있는 방법은 없을까요?

빨갛게 익은 한 개의 사과가 사장님의 눈에 들어왔다고 생각해 보십시오. 바람이 불어도 비가 와도 떨어지는 게 사과입니다. 지구에 살다 간 수많은 사람이 사과나무에서 사과가 떨어지는 광경을 무심히 보아 왔죠. 사장님은 어떤 생각이 드십니까? 17세기 영국의 대학자 뉴턴에게 사과는 그냥 사과가 아니었습니다. 사과는 그에게 만유인력을 깨닫게 하는 주인공이 되어 주었습니다. 사과는 우주의 모든 물체 사이에 서로 끌어당기는 힘이 작용한다는 위대한 사실을 발견할 힌트가 되었고, 이 통찰이 인류의 사고를 한 단계 진화시켰습니다. 판화가 겸 시인이었던 이철수 선생에게도 사과는 특별했습니다. 〈가을 사과〉라는 그의 시를 보면

뉴턴의 통찰에 새로운 통찰을 더하고 있죠.

  사과가 떨어졌다. 만유인력 때문이란다. 때가 되었기 때문이지.

  이철수 선생이 지내던 제천 어느 과수원의 가을 풍경은 어제
와 같았습니다. 그러나 이철수 선생은 그 장면을 동양적인 생각
의 정점과 연결합니다. 이처럼 때로는 일상의 단면이 누군가의 창
의성에 시동을 걸어 줍니다.
  사장님과 회사 직원들이 뉴턴과 이철수 선생처럼 특별한 창
의성을 가진 사람이 아니라면 책의 힘을 빌려야 합니다.
  김훈 선생의 책《자전거 여행》을 보며 봄꽃들의 각기 다른 삶
과 죽음을 엿볼 수 있습니다. 알베르 카뮈의《이방인》을 보며 먹
고살기 위해 삶을 바칠 필요가 없다고 믿는 지중해인들의 사고를
경험할 수도 있습니다. 이오덕 선생의 책《나도 쓸모 있을걸》속에
서 고스란히 옮겨 놓은 동심을 확인하고 창의성을 엮어갈 수 있
습니다. 책 속의 작가와 교감하면서 새로운 시각과 감성을 이입
해 보는 것이지요.
  많은 책의 도움을 받지 않아도 좋습니다. 누군가가 정해 놓

은 필독서가 아니어도 좋습니다. 책 속에서 깊게 교류하는 동안 나 중심의 생각에서 벗어날 수 있다면 그것으로 충분합니다. 나 중심의 시각에서 벗어나 고객의 눈으로 시장과 우리의 제품을 바라보는 창의성의 기본기를 다져 보십시오. 그 속에 새로운 시각, 창의적인 아이디어가 있습니다.

민감해진 몸의 촉수와 깊어진 감수성이 사장님의 생업을 돕습니다. 어떻게 살 것인가에 대한 책 속의 고민을 들여다보면 어떻게 사업할 것인가에 대한 힌트를 찾을 수 있습니다. 별것 아닌 것을 별것으로 발견해 내는 즐거움, 사소한 일상에서 오늘을 살아갈 지혜를 그 안에서 함께 얻어 보십시오. 때로는 벗으로, 때로는 상담자로, 때로는 교사로 책과 교류하면서 말이지요.

사장님의 답답한 마음, 마른 수건을 적셔 줄 펌프는 먼 곳에 있지 않습니다. 나의 생업을 도와줄 한 바가지의 마중물이 되어 줄 책, 독서의 힘을 빌린다면 창의성은 나도 모르게 샘솟을 것입니다.

23

자질 없는 제가
훌륭한 리더가
될 수 있을까요

리더마다
길이 다른 이유

우리는 다른 사람이 가진 것을 부러워하지만,
다른 사람은 우리가 가진 것을 부러워한다.
푸블릴리우스 시루스_고대 로마의 작가

저는 아무리 생각해도 리더로서의 재능이 없는 것 같습니다.
IT 전문성을 기반으로 법인을 만들긴 했지만 지극히 내성적
이고 낯을 가리는 성격이라 회사가 커지고 직원들이 늘어나
는 것이 염려가 될 때도 있습니다.

'나는 사람을 이끌 수 있는 사람인가? 직원들을 화합시킬 수
있는 사람인가?' 같은 질문들을 스스로 던질 때마다 회의적
인 대답만 나오네요. 리더의 자질이 없는 사람도 노력하면
훌륭한 리더가 될 수 있을까요?

'리더의 자질은 타고나는 것인가, 만들어지는 것인가?'

이보다 지적인 토론 주제가 있을까 싶습니다. 본인의 삶뿐 아니라 직원들의 삶과, 크게는 생존까지 이어지는 이 물음에 대한 답이 명확하거나 단순할 수는 없습니다. 두 가지 모두가 정답이기 때문이죠.

제너럴일렉트릭GE의 최연소 CEO로 회사를 세계 최고의 기업으로 성장시킨 잭 웰치는《승자의 조건》이라는 책에서 리더의 자질, 리더십의 필수 요건을 세 가지로 정의했습니다.

좋을 때나 기쁠 때나 건강한 활력과 긍정적인 태도를 가지고 앞으로 나아가려 하는 긍정의 힘, 타인에게 긍정의 힘을 끌어내 목표에 도달할 수 있도록 에너지를 불어넣는 능력, 좋으면 좋고 싫으면 싫다고 확실하게 맺고 끊는 단호함이 그것입니다.

그러나 그가 말하는 리더십의 필수 요건은 재능이 아니라 상황을 묘사하고 있습니다. 리더는 여러 재능과 방식으로 그 상황에 도달할 수 있다는 얘기죠. 리더가 어떤 재능을 가지고 있느냐에 따라 긍정적인 태도나 모습, 에너지를 불어넣는 방법, 단호함을 다른 방식으로 실현할 수 있다는 전제가 깔려 있습니다.

이 전제는 한 회사의 임원들을 대상으로 리더십 진단을 진행하고 그 결과를 보고할 때, 전문가가 반드시 사장님에게 먼저 설명해야 하는 부분이기도 합니다. 리더십 진단은 리더 간의 순위를 매기고 꼬리표를 달기 위해 진행하는 것이 아닙니다. '전략 부서 리더는 이래야 한다', '영업 부서의 리더는 이래야 한다'라는, 사장님의 머릿속에 이미 그려진 가설에 결과를 끼워 맞추기 위한 장치도 아닙니다.

직원들에 대한 꼬리표를 맹신하는 리더는 '이래서 전략이라고 짜 오는 족족 마음에 안 들었던 거군', '그래서 영업 부서 매출이 그 모양이었군' 하며, 머릿속에 있는 리더의 상과 책임자를 비교해 합격점을 맞을 수 있는 사람을 찾을 때까지 비교와 지적을 반복합니다.

직원들에게 붙어 있는 꼬리표를 리더십 진단으로 확인하고 본격적인 조직 개편의 안을 그리겠다고 서두르는 경영자도 있습니다. 재능이 있는 사람을 그 자리에 보내는 게 좋겠다는 논리지만 평소에 못마땅했던 리더를 갈아 치우기 위한 명분을 찾는다는 걸 직원들도 알고 있죠.

전략적이고 분석적인 리더가 있다면 전략이나 기획 업무에 어울린다는 생각이 들기 쉽습니다. 의사소통을 잘하고 승부욕이 강한 리더라면 영업 업무에 적합하다고 예단하기 쉽죠. 그러나 재능은 기능이 아니라 수단으로 이해해야 합니다.

영업에서 두각을 나타내는 사람도 여러 부류가 있습니다. 매력적인 말과 대인관계에서의 호감으로 영업을 잘하는 사람이 있는가 하면, 제품과 시장에 대한 분석을 통해 공신력 있는 숫자를 제공하여 고객의 신뢰를 얻어 영업의 기반을 확장해 나가는 사람이 있습니다.

유능한 리더 역시 카리스마로 압도하는 리더가 있는가 하면 포용과 공감으로 이끌어가는 리더가 있지요. 우리는 서울에서 부산을 가는 방법이 하나뿐이라고 생각하는 우를 범해서는 안 됩니다. 리더십의 목적지는 다양한 길을 통해 다다를 수 있습니다.

재능에 대한 오해는 리더들에게만 해당될까요? 아닙니다. 한 창 일을 배우는 직원들도 본인의 재능과 현실 사이에서 고민하는 경우가 많습니다. 경제적 여유만 된다면 재능을 살려 원래 하고 싶던 공부를 다시 시작하고 싶다는 얘기, 그러나 결혼과 육아라는 문제가 인생에 끼어들게 되면 그나마도 불가능한 상황이라고 하소연하는 친구들이 많지요. 분명히 나와 맞지 않는 일이지만 생계를 위해 나를 찾는 일을 포기한다고 한탄을 합니다.

재능과 어울리는 직업, 어울리는 자리가 따로 있을까요?

어릴 적부터 과학자가 꿈인 사람이 있었습니다. 유년기 시절에도 친구들과 어울리기보다는 조용히 한 곳에서 책 읽기를 좋아했고, 그를 가르쳤던 선생님들은 한결같이 내성적인 모습 속에서 논리적 사고와 집중력이 눈에 띄는 아이라고 칭찬을 했죠. 이 사람의 꿈은 커서 과학자가 되는 것이었습니다.

그러나 그는 자라서 종교인이 되었습니다. 전혀 생각지 못했던 생경한 길 위에서 인생을 살아가게 된 것이죠. 근심과 갈등이 얼마나 많았을까요? 그런데 그는 고등학교 시절 출가해서 노년이 가까운 나이까지 종교인으로 살면서도 과학이 자신의 삶 속에서

늘 응용되었다고 고백합니다. 원래 과학에 관심이 있던 까닭에 종교에서도 허황된 요소는 믿지 않고 멀리했습니다. 대신 어떻게 해야 사람들이 불법의 이치를 쉽게 이해할 수 있을지 고민했지요. 그러다 보니 부처님의 가르침을 전할 때에도 앞뒤가 맞고 논리 정연하게 강의하려고 노력했습니다. 결국 어떤 일을 하든지 개인의 재능이 작용하게 된다는 것이 법륜 스님의 고백이었습니다.

'진짜 하고 싶은 일을 하라', '가슴 뛰는 일을 하라'라고 많은 자기계발서가 등을 떠밉니다. 그 말의 참뜻은 지금 하고 있는 일이 적성에 맞지 않는다고 생각되면 당장 그만두라는 의미가 아닙니다. 어떤 일이든 본인의 적성과 재능을 살릴 수 있도록 노력하라는 뜻입니다. 사장의 자리도 마찬가지입니다. 누가 사장답고 누가 사장답지 않은가에 대한 질문보다 자신에게 맞는 리더십이 무엇인지, '나다움'에 대한 고민이 필요한 것입니다.

'나다운' 사장이 되려면 자신에 대한 성찰이 우선시되어야 합니다. 나란 사람이 가진 재능이 무엇이고, 그 재능의 밝은 면을 어떻게 리더십과 연결할 것인지에 대한 고심이 필요합니다.

훌륭한 리더가 되고 싶다면 자신을 있는 그대로 인정하고 받아들이십시오. 무슨 일 때문에 성질을 낸다면, 그 성질을 내는 것은 나입니다. 그런데 나는 쉽게 성질을 내는 사람이 아니라고 생각하기 때문에 성질을 내는 자신을 보는 것이 괴롭습니다. 내가 상상으로 그려 놓은 자아상, 리더의 상을 움켜지고 고집하니까 현실의 내가 못마땅한 것입니다.

나와 맞지 않는 큰 원을 그려 두고 그 안에서 자신을 괴롭히거나 부끄러워하지 마십시오. 남의 리더십 모델을 가져와 나와 비교하지 마십시오. 내가 서 있는 자리로 나다움이 스며들 때 리더십은 제자리를 잡고 성장할 수 있음을 기억하기 바랍니다.

24

착한 리더가
되는 방법이
있을까요

인기와 성과 사이

유능한 리더는 사랑받고 칭찬받는 사람이 아니다.
그는 자신을 따르는 사람들이 올바른 일을 하도록 하는 사람이다.
인기는 리더십이 아니다. 리더십은 성과다.

피터 드러커_경영사상가

인생은 타이밍이라는 말이 있지요. 제 아들이 3년 전, 전환의 타이밍을 맞았습니다. 남들이 다 부러워하는 대기업을 다니다가 사표를 냈죠. 그룹사 경영 사정이 안 좋아졌고 존경하는 선배들이 쫓기듯 회사를 나가는 모습을 보면서 회사에 대한 미련이 없어졌다고 하더군요.

퇴사 후 아버지인 제가 운영하는 회사에 합류했습니다. 몇년을 잘 보내니 저와 아들 간에도 신뢰가 쌓이더군요. 이번 인사발령을 통해 관리자의 역할을 맡겼습니다. 오래된 회사라 아들은 아버지뻘 직원들도 관리하며 처세를 해야 하는데, 제가 어떤 조언을 해 줄 수 있을까요?

착한 리더는 모든 이들의 꿈입니다. 얼마 전 부하 직원 10명을 데리고 있던 관리자가 고민을 털어놓던 기억이 나는군요.

그는 남들보다 어린 나이에 승진해 관리직에 진입했습니다. 어린 나이가 부하 직원들의 심기를 건드리지 않을까 눈치를 많이 보고 있었죠. 착한 리더가 되기 위해 무던히도 애쓰던 사람이었습니다. 그는 팀원들의 생일이나 결혼식은 물론 아이들의 돌잔치, 입학, 졸업까지도 세세하게 챙기려 노력했습니다. 단순히 팀원들의 가족행사를 기억하고 축하하는 차원을 넘어 본인의 아내까지 동원해서 매번 정성이 많이 들어가는 선물을 준비했죠. 착한 리더라는 이야기를 듣기 위해 시간과 에너지를 쏟아부었습니다.

리더의 부담은 점점 커졌습니다. 팀원들도 마찬가지였죠. 부하 직원의 개인사 챙기기를 그 어떤 일보다 우선순위에 두고 있는 리더, 더 큰 문제는 팀 운영을 위해 필요한 일은 정작 챙기지 못한다는 것이었습니다. 리더도 부하 직원들도 상대가 듣기에 불편할 수 있는 얘기면 피하는 게 좋다는 생각을 하고 있었죠. 리더는 팀원들이 팀에서 불만 없이 지내기를 바랐겠지만, 팀원들은 그런 리더 때문에 불만이 쌓여 갔습니다. 팀원들의 만족감은 리더가 사생활까지 꼼꼼하게 챙겨 줄 때가 아니라 리더와 팀원들이 문제를 함께 해결하고 목표를 달성할 때 생긴다는 사실을 놓쳤던 것입니다. 리더는 결국 팀을 사교 클럽이나 동호회처럼 만들어 갔습니다. '어린 관리자'라는 핸디캡을 극복하겠다는 시도가 자신을 곤란한 상황에 빠뜨린 것입니다.

저는 그에게 자신과 팀을 위해 열정의 방향을 바꾸어야 한다고 조언했습니다. 비록 리더가 좋은 의도를 가지고 일하고 싶은 조직문화를 만들기 위해 노력했더라도, 리더와 팔로어 모두에게 공식적인 업무상의 선을 흐리게 만든다면 분명 멈추어야 할 시도라는 이야기도 나누었습니다. 그는 몇 가지 질문을 스스로 던지면서 자신의 가장 큰 목표는 착한 리더가 되는 것이 아니라 시장에서 승리하는 것이라는 사실을 깨우쳤습니다.

물론 조직생활을 하면서 본인보다 나이가 훨씬 많은 직원들과 솔직한 이야기를 주고받는 일이 쉽지는 않습니다. 실적이나 성과에 대해 직설적으로 이야기를 나누면 처음에는 누구나 충격으로 받아들입니다. 한국의 조직문화에서 나이와 직급에 관계없이 대부분 사람에게 익숙하지 않은 경험이기 때문이죠.

그러나 그런 충격보다 모호한 표현이나 앞뒤가 안 맞는 이야기를 어려운 전문용어를 섞어 말하는 리더들과 일하는 것이 부하 직원들에게는 더 괴로운 고통이라는 것을 명심해야 합니다. 수년 혹은 수십 년간 이 고통을 참아왔던 직원들은 오히려 솔직한 리더에게서 받는 충격을 반기며, 그 고통을 감수하고 싶을지도 모릅니다. 연장자들도 나중에는 박수를 보내게 될 것입니다.

제게도 비슷한 고민이 있었습니다. 군 생활을 하던 시절 소위 계급장을 달고 처음 부대를 방문했을 때 중사, 상사, 원사의 계급장을 달고 저를 맞아 주시던 분들을 보고 저분들과 어떻게 잘 어울리며 일할 수 있을까 고민이 되더군요. 신병교육대에서 정훈장교로 근무하다 보니 대대본부에서 함께 참모로 근무하던 교육담당관, 병기관, 보급관, 급양관의 직책을 가지고 있는 부사관들과 부딪힐 일이 많았죠. 처음에는 부대 안팎에서 부사관들을 볼 때마다 스트레스를 받았습니다. '소위라고 얕잡아 보는 경우가 많다던데 그런 상황이 온다면 어떻게 반응해야 할까', '그들과 대화할 때 아마추어 티가 나지는 않을까' 전전긍긍하게 되더군요.

고민은 솔직함이라는 무기로 풀려 나갔습니다. 군 생활 경력이 20년, 30년 되는 분들과 잘 어울리며 협업할 수 있는 방법으로 이보다 더 좋은 전략은 없었습니다. 저는 솔직한 태도로 그들 한 사람, 한 사람을 만났습니다.

"담당관님, 초급장교가 알아야 얼마나 알겠습니까? 부족한 게 많지만 저를 좀 도와주십시오. 정신교육이라는 귀찮은 숙제 같은 일, 안 할 수는 없지 않습니까. 조금 더 쉽고 효과적으로 할 수 있는 방법은 없는지 고민해 중대 운영에 도움이 되도록 노력하겠습니다. 혹시 작전장교님이나 대대장님께 전하고 싶은 어려운 얘기가 있으시면 제가 도와드릴게요. 중간에서 친절한 가교 역할을 해 드리겠습니다."

대대 참모의 자리에서 중대 운영의 애로사항을 청취하고 돕고 싶다는 마음으로 부사관들에게 다가가는 일만으로도 초급장교의 서툰 조직생활은 조금씩 제자리를 찾아갔습니다.

솔직해지는 것은 리더의 소임입니다. 솔직함을 피하고 착한 리더가 되고 싶은 마음은 누구에게나 있습니다. 당장은 솔직해지기가 불편하고 주변에 널려 있는 변명을 찾고 싶을지도 모릅니다. 수십 가지 변명 거리가 리더를 유혹할지도 모르죠. 그러나 리더가 솔직하게 직원들을 대할 때 팀은 효율을 되찾고 목표 달성에 가까워진다는 사실을 잊어서는 안 됩니다.

착한 리더보다 유능한 리더가 되십시오. 업무 속의 모호함, 구차함, 난해함과 비효율의 장벽을 걷어내고 팀원들과 자신이 의도하는 바를 솔직하게 나누십시오. 그것이 진짜 행복한 팀 문화를 구축할 수 있는 가장 좋은 방법입니다. 솔직할 수 있는 리더의 용기가 리더와 팀의 성공을 돕습니다.

유능한 리더는 사랑받고 칭찬받는 사람이 아니라 따르는 사람들이 제대로 성과를 낼 수 있도록 돕는 사람입니다. 잊지 마세요. 리더십은 인기가 아니라 성과입니다.

25

저는 약점이 많은 사장입니다

문제 해결의 출발점

상사는 부하에게 자신의 부족함을 당당하게 표현하는 데
주저하지 말아야 한다. 리더는 접근하기 어려워 보여서는 안 된다.
일반적으로 사람들은 인간적인 약점을 보이면 전문성에 대한 신뢰가 떨어질까
염려하지만 절대 그렇지 않다. 인간적 약점은 비즈니스에서 가장
저평가되고 있는 자산이다. 이는 우리 모두가 인간이라는 점을 알게 해준다.

키스 페라지_경영 컨설턴트

저의 말 한마디 몸짓 하나까지 예의 주시하는 것 같습니다. 전 직원이 모인 자리에서도 시선은 유독 저에게 쏠리죠. 직원들은 가르침과 해결책을 전해 듣기 위해 기대감을 가지고 저만 바라봅니다. 물론 걱정도 섞여 있겠죠. 회사가 위기 상황에 처할 때마다 그 주목은 제 가슴과 머리를 조이네요. 문제가 생기면 어떻게 그 문제를 풀기 위해 어떤 시작점에 서야 할지 막막할 때가 많습니다. 제게도 한계가 있다는 걸 알아주길 바라는 마음과 언제까지 그 한계를 들키지 않았으면 하는 마음이 함께 있기도 합니다. 회사의 문제, 저 혼자 짊어져야 할 짐인가요?

사장님의 고민과 맞닿은 질문이 있습니다.

"당신이 확실하게 아는 것은 무엇입니까?"

오프라 윈프리는 1998년 한 영화평론가에게 이 질문을 받고 느낀 바가 있어 한 달에 하나씩 이와 관련된 칼럼을 쓰기 시작합니다. 이로부터 14년 후 이 질문에 대한 대답을《내가 확실히 아는 것들What I Know for Sure》이라는 책으로 내놓았습니다.

그녀가 고백한 내가 확실히 아는 것은 바로 '솔직함과 공감'의 힘이었습니다. 그녀가 진행하는 토크쇼에서 마이클 잭슨이 백반증을 고백하며 눈물을 흘리고 대통령과 유명 스타들이 무장해제 되어 자신의 가장 큰 고통까지 내보이는 이유, 전미 역대 시청률 1위, 최장기 시청률 1위라는 놀라운 기록들의 중심에는 솔직함과 공감이 있었노라 증명하고 있습니다. 불우했던 유년시절을 보낸 그녀를 세상의 가장 낮은 곳에서부터 인생의 정점까지 이끌어 준 힘이 바로 그것이었죠.

갓 창업한 소규모 기업이 떠나는 여정은 오프라의 유년보다 더 거칠고 고될지 모릅니다. 작은 기업의 사장님은 대기업의 물량 공세와 막강한 유통력에 흔들리지 않고 꾸준하게 성장하겠노라 다짐하지만 이내 닥쳐오는 수많은 문제 상황과 직면해야 할 운명임을 깨닫게 되죠.

자신감으로 가득 찬 사장은 매번 혼자서 그 문제를 풀어내겠다고 나설지도 모릅니다. 독단적인 사장은 직원들이 문제의 원인이라고 생각할지도 모릅니다. 그러나 현명한 사장이라면 중요한 문제일수록 직원 모두와 함께 풀어야 한다는 사실을 알고 있습니다.

생존과 성장을 위해 풀어야 할 문제들은 일부 리더들의 개인기로 해결되지 않습니다. 그 출발점은 오히려 리더와 구성원의 공감을 이끌어 내는 일에 있습니다. 사장이 아닌 구성원이 제기한 의문이라고 해도, 본격화되지 않은 초기 단계의 문제라고 해도, 진짜 풀어야 할 문제라면 직원 모두에게 문제 상황을 열어 보여 줄 수 있어야 합니다.

여기서 열어야 하는 것은 문제 상황만이 아닙니다. 리더 자신도 열어야 합니다. 문제를 풀기 위해 필요한 역량이 있다면 리더에게 부족한 부분을 시인하는 것부터입니다. 일반적으로 사람들은 인간적인 약점을 보이면 전문성에 신뢰가 떨어질까 염려하지만, 사실은 그렇지 않습니다. 인간의 약점, 특히나 리더의 약점은 비즈니스에서 가장 저평가되고 있는 자산입니다. 이는 문제 해결을 위해 모인 직원들에게 나의 리더도 인간이라는 점을 일깨워줍니다. 다가가고 싶고, 돕고 싶어지는 길입니다.

그러나 투명하지 않은 리더는 이 자산을 활용할 수 없습니다. 윤리적으로 투명하지 않은 리더라면 직원들에게 문제 상황도 자신도 솔직하게 공개하기가 어렵습니다. 투명하지 못한 경영이 원인이 되어 발생하는 문제는 직원들에게 공개할 수 없을 테고, 정작 직원들의 팀워크가 필요한 문제와 뒤섞여 구분하는 것이 점점 더 어려워지게 됩니다.

리더는 심지어 이렇게까지 자신을 열어 보일 수 있습니다. 다나카라는 사람이 일본 대장성의 장관으로 임명되었을 때의 일입니다. 일본의 엘리트 관료집단의 본산인 대장성에서는 노골적인 불만이 표출되었고 다나카는 1분도 안 되는 취임사 한마디로 직원들의 우려와 불만을 일거에 해소했습니다.

여러분은 천하가 알아주는 수재들이고, 나는 초등학교밖에 나오지 못한 사람입니다. 더구나 대장성 일에 대해서는 깜깜합니다. 그러니 대장성 일은 여러분이 하십시오. 나는 책임만 지겠습니다.

지혜로운 리더는 직원들과 함께 문제를 풀어 가고자 노력합니다. 문제 해결을 통해 조직의 성공을 돕는 일이라면 문제도 자신도 기꺼이 열어 회사의 위상을 높여 나갑니다. 구성원들이 회사의 문제를 자신들이 풀어야 한다고 생각하는 순간 직원들에게 회사는 더 이상 월급을 주는 곳이 아니라 내가 돈을 벌어줘야 하는 곳이 됩니다. 그런 회사라면 리더는 당면한 문제 상황 앞에서 직원들이 보여 주는 기적을 보며, 즐기면 되는 것입니다.

26

완벽하지 않아도
정말
괜찮나요

완벽 강박

현명한 사람은 자기 마음을 다스릴 줄 알지만,

어리석은 사람은 자기 마음에

노예처럼 얽매여 비참하게 산다.

푸블릴리우스 시루스_고대 로마의 작가

사업이 잘되는 것은 감사한 일이지만, 요즘 같아선 하루라도 깊이 잘 수 있었으면 싶어요. 어떤 일이든 완벽하지 않으면 불안하고 그래서 워낙 스트레스가 많습니다. 모든 일을 완벽하게 해낼 수 없다는 걸 알면서도 그냥 보아 넘기는 게 안 되고, 직접 관여해 성에 찰 때까지 계속 자신과 주변을 밀어붙여야 하는 성격이 정말 싫습니다. 평생을 그렇게 살아왔지만 요즘 들어 유난히 버겁네요.

신에게나 인간에게나 환영받는 사람은 '스스로 돕는 자'입니다. 그러나 우리는 성공했다고 여겨지는 삶 속에서도 여전히 자신에게 인색한 사람을 자주 접합니다. 남다른 열정과 전략으로 사회적인 성공을 이룬 사람도 자신을 사랑하고 응원하는 일은 쉬운 일이 아닌가 봅니다. 코칭 현장에서 사장님 같은 분을 만날 때면 '사람들이 스스로를 미워하기 때문에 신은 그를 사랑한다'라는 말을 실감하게 됩니다.

사장님의 가장 큰 스트레스 원인이 완벽하려는 성향이라고 했지요. 걸어온 길을 자세히 되짚어 보면, 그 자리까지 사장님을 이끌고 간 가장 큰 원동력도 바로 그 완벽이라는 성향이었음을 인정할 겁니다. 사장님은 꼼꼼하고 정확하며 성공에 대한 기준이 높기 때문에 현재 상태에 만족하지 않았을 테고, 논리적이고 설득적인 부분은 많은 사람이 사장님을 신뢰하는 데 도움을 주었겠지요. '실수하지 마라', '방심하지 마라', '어린아이처럼 굴지 마라', '서둘러라' 등의 메시지로 자신을 괴롭히기도 하고, 마감 시간이 촉박하여 일을 완벽하게 마무리하지 못할 때는 엄청난 스트레스를 주기도 했을 것입니다. 그러나 이것 또한 미운 정 고운 정이 함께 든 자신의 일부입니다.

이 친구는 양으로 또 음으로 당신을 통제합니다. 교류분석 Transactional Analysis 이론을 빌리자면 사람은 모두 각자의 마음속에 시나리오를 가지고 있습니다. 어린 시절에 완성된 각자의 시나리오가 지시하는 바에 따라 평생 무의식의 통제를 받으며 살게 되죠. 사장님의 경우, 무의식 속에서 '완벽하라'라는 시나리오를 끊임없이 선언하는 통제관이 있는 셈입니다.

이 시나리오의 출처는 부모님일 확률이 높습니다. 어머니와 아버지가 세상을 살아가면서 확신하게 된 생존 메시지가 그 안에 담겨 있습니다. 부모님이 강력하게 전달한 이 메시지는 적어도 유아 시절에는 전적으로 유용합니다. 부모와의 생존에서는 살아남을 수 있으니 말이죠.

그러나 부모의 품을 떠나 학교생활, 사회생활을 하면서 원하는 대로 살지 못하는 상황이 발생하고, 외부와 교류하는 일이 많아질수록 이 생존 전략은 자주 혼란을 겪습니다. 어떤 사람은 초등학생이 되기 전부터 평생에 걸쳐 혼란을 겪기도 합니다. 사장님의 생존 전략, 시나리오 속 메시지에 관심을 가져야 하는 이유가 여기에 있습니다. 나의 무의식 속 통제관이 주는 메시지를 경청하고 조절할 수 있다면 나의 이 마음은 한층 평온해질 수 있습니다.

잠을 자려고 침대에 누웠을 때, 완벽하지 못했던 일들이 떠올라 잠을 자지도 침대를 벗어나지도 못하겠다면 내 손에 든 자물쇠로 나를 옥죄는 쇠사슬을 풀어내야 합니다. 열쇠는 내 손 안에 있기 때문이죠.

'완벽하라'라고만 외치는 나의 무의식에 가끔은 반항해 보십시오. 그것이 스트레스에서 벗어나는 돌파구가 될 수 있습니다. 하루를 마무리하고 침대에 누웠을 때는 완벽하라는 메시지 대신 때로는 완벽할 수 없었던 당신의 인간적인 모습을 허용하고 응원해 주십시오. 다음의 메시지처럼 말입니다.

완벽하지 않아도 돼! 완벽하지 않아도 괜찮아!

다른 사람을 즐겁게 하지 않아도 돼!

다른 사람을 즐겁게 하지 않아도 괜찮아!

서둘러 하지 않아도 돼! 여유를 가져도 괜찮아!

불편을 감수하지 않아도 돼! 불편하다고 말해도 괜찮아!

열심히 하지 않아도 돼! 가끔은 게으름을 피워도 괜찮아!

내 안의 무의식이 내리는 명령을 거스를 수밖에 없을 때도 자신을 안아 줄 수 있다면 오늘 밤은 조금 더 깊이 잠들 수 있을 것입니다.

27

늘 불안한 삶, 어떻게 버틸 수 있을까요

불청객과의 동거

인생은 하나의 불안을 다른 불안으로,
하나의 욕망을 다른 욕망으로
대체하는 과정이다.
알랭 드 보통_영국의 소설가

30대 명예퇴직, 남의 애기라고 생각했습니다. 믿었던 상사는 본인이 지시한 일이 아니었다고 하더군요. 회사의 마지막 배려였던 이직 지원 프로그램에 한 달쯤 참여하고 창업을 결심했습니다. 특별한 기술이 없던 저에게 떠오르는 창업 아이템은 먹는 장사뿐이었고, 메뉴를 개발하고 장사의 기본을 배우는 데 꼬박 1년을 매달렸습니다. 운이 좋게도 목 좋은 자리를 얻어 개업했고 이제는 입소문이 나 단골도 제법 생겨 웃는 일도 늘어 갔죠. 그런데 갑자기 건물주가 다음 달까지 가게를 비워 달라는 겁니다. 월세를 올려주겠다고 해도 필요 없다고 하고 연말까지만이라도 여유를 달라고 해 봤지만 딱 잘라 거절하네요. 들리는 소문에는 본인이 이 자리에서 음식 장사를 하려고 알아보고 다닌다고 합니다. 이제 좀 숨통이 트이나 했는데 세상이 안 도와주네요. 안정을 찾으려 하면 또 다른 일이 벌어져 제 인생을 통째 흔들어 놓습니다. 불안한 제 삶, 어떻게 살아나가야 할까요?

우선 30대 명예퇴직이라는 큰 충격을 딛고 새로운 기반을 마련하기 위해 달려온 사장님께 박수를 보내고 싶습니다. 사회적인 지위를 잃게 되었을 때 찾아오는 무력감이란 다른 사람들의 호의적인 눈길, 그 속에서 느끼던 편안함을 한순간에 빼앗기는 일과도 같죠. 내 이름을 빼앗기는 듯한 끔찍한 경험이기도 합니다. 그 상황에서 또 다른 도전을 시작하는 일은 쉽지 않죠.

그렇게 의미 있는 도전이었는데, 이번에는 건물주가 방해를 놓는군요. 가진 것을 잃게 될까봐 불안한 마음, 1758년에 쓰인 애덤 스미스의《도덕감정론》에 그 불안과 해설을 다룬 이야기가 나옵니다.

이 세상에서 힘들게 노력하고 부산을 떠는 것은 무엇 때문인가? 탐욕과 야망을 품고, 부를 추구하고, 권력과 명성을 얻으려는 목적은 무엇인가? 생활필수품을 얻으려는 것인가? 그것이라면 노동자의 최저 임금으로도 얻을 수 있다.

그렇다면 인간 삶의 위대한 목적이라고 하는, 이른바 삶의 조건 개선에서 얻는 이익은 무엇인가? 다른 사람들이 주목하고, 관심을 쏟고, 공감 어린 표정으로 사근사근하게 맞장구를 치면서 알은체를 해 주는 것이 우리가 거기서 얻으려는 모든 것이라고 말할 수 있다.

부자가 자신의 부를 즐거워하는 것은 부를 통해 자연스럽게 세상의 관심을 끌어모은다고 생각하기 때문이다. 반면 가난한 사람은 가난을 부끄러워한다. 가난 때문에 사람들의 시야에서 사라졌다고 느끼기 때문이다.

아무도 우리에게 주목하지 않는다는 것은 곧 인간 본성에서 나오는 가장 열렬한 욕구의 충족을 기대할 수 없다는 뜻이다. 가난한 사람은 들락거려도 아무도 주의하지 않는다. 군중 속에 있어도 자신의 오두막 안에 처박혀 있을 때나 다름없이 미미한 존재일 뿐이다. 반면 지위와 이름이 있는 사람은 온 세상이 주목한다. 사람들은 그의 행동에 관심을 가진다. 그의 말 한마디, 행동 하나도 사람들은 그냥 지나치지 않는다.

어떠세요? 사장님의 마음에 닿는 부분이 있나요? 미미한 존재에서 벗어나기 위해 애를 쓰는 일이 성공을 원하는 이유와 맞닿아 있다지만, 그 중심에는 관심을 받지 못할 것 같다는 불안과 나보다 더 주목을 받는 사람에 대한 질투가 자리 잡고 있다는 말에 저는 공감했습니다.

많은 사람이 성공해서 한자리를 차지하겠다고 살아가지만, 화무십일홍花無十日紅, 열흘 붉은 꽃이 있을까요? 누군가는 그 자리에 오르기 위해 부산을 떨고 누군가는 그 자리가 영원할 것처럼 허세를 부리다가 깊은 상실감에 빠지기도 하는 것이 인생일 겁니다.

사람들이 성공을 통해 얻으려는 것은 부보다 타인의 관심이라는 말이 깨달음을 주더군요. 저 역시도 한없이 즐거운 날 아침, 부하 직원이 인사를 건성으로 받거나, 회신 없는 문자를 기다리다 갑자기 기분이 씁쓸해지는 평범한 인간이니까요.

불안과 이 불안을 해결하려는 갈망은 대부분 사람이 겪는 통증이지만, 갈망이 지나치면 사람을 잡습니다. 한번은 유명컨설팅 회사에 다니는 팀장이 우울증에 걸릴 것 같다며 SOS를 청한 적이 있습니다. 그는 회사에서 연말이 다가오면 아침마다 최고경영자를 모시는 회의에 참석해야 했습니다. 공표된 매출을 달성하기 위해 얼마나 많은 노력을 하고 있는지, 노력이 어떤 유효성을 가지고 성과와 연결되는지 시시각각 증명해야 했고, 성과와 사람을 연결해 인격모독을 서슴지 않는 사장 탓에 본인은 물론 회의에 참석해 이를 지켜보는 사람들까지 불면증과 우울증에 시달린다는 사연이었습니다.

오늘의 표적이 되지 않기 위해, 보고사항에 살을 붙여가며 회의 내내 눈치를 보는 일도 반듯한 성격을 가진 이 팀장님에겐 자아를 괴롭히는 일이었죠. 더 본인을 힘들게 하는 건 사장님의 애정을 얻기 위해 남의 공을 가로채고 허위 보고를 하는 동료들이었습니다. 속물근성을 보면서 점점 경멸하게 된다는 고백을 하더군요.

마음속 불안을 편안으로 바꾸기 위해 자아라는 알맹이 밖에서 답을 구하는 사람들이 많습니다. 성인군자처럼 '나'의 밖에 있는 요소들로부터 완전히 자유롭기는 어렵겠지만, 자아상이라는 게 늘 외부의 사랑이라는 인공의 공기를 집어넣어 주어야 하고,

상대방의 무시라는 아주 작은 바늘에 취약한 한낱 풍선이라는 점을 이해해 주십시오. 남의 관심 때문에 기운이 나고 무시 때문에 상처를 받는 것이 사람입니다.

언제 휘몰아칠지 모르는 주변의 천재지변, 그것들로부터 내 마음의 안정을 빼앗기지 않는 노력을 해 보면 어떨까요? 큰 토네이도 속에서 식탁 밑에 숨어 있는 아이에게 가장 두려운 것은 처음 듣는 굉음, 끼익 끼익 들리는 파괴음이 아니라 엄마가 불안해하는 모습을 지켜보는 것이 아닐까 싶습니다. 이런 나의 불안을 이해하고, 이야기해 보는 것만으로도 큰 변화를 이끌어 낼지 모릅니다. 세상이 주는 불안에서 한 발짝 물러나 바라보는 것만으로도 마음의 여유가 생길 수 있을 테니까요.

28

좌절 앞에서
무너지지 않고
일어설 수 있을까요

털어 내는 연습

춤추는 별을 가지려면
반드시 내면에
혼돈을 지녀야 한다.
프리드리히 니체

학수고대 하던 일의 결과가 어제 나왔습니다. 처음 도전하는 일이었지만 거의 전 직원이 오랜 시간 매달렸던 일이죠. 준비 작업을 생각하면 2년을 넘게 투자했습니다. 지난주 경쟁 프레젠테이션을 진행했고, 새로운 시도를 해 보고 싶다는 고객의 눈빛과 반응을 느낄 수 있었습니다.

이후 담당 실무자는 두 번이나 고객사와 미팅을 했습니다. 제안된 내용의 세세한 부분까지 질문을 주고받았고 그중 한 번은 담당 임원이 함께 들어가서 계약 세부사항까지 논의를 하고 왔습니다. '이번엔 되겠구나' 확신했죠. 하지만 우리는 최종 파트너로 선정되지 못했습니다. 큰 배신감이 저를 좌절하게 만드네요.

어떤 사실이나 사람을 향했던 강한 믿음이 한순간에 무너질 때 우리는 '배신'이라는 단어를 떠올립니다. 배신 앞에서 우리는 강한 지진만큼 큰 충격을 받지만, 그 충격을 누구에게도 얘기할 수 없음을 느끼죠. 그럴 때는 차라리 눈을 감고 싶어집니다. 강력하게 믿어왔던 대상으로부터 나를 분리할 수 없다고 느끼기 때문에 관계를 유지하고 나를 보호하기 위해서 상황을 외면하고 싶습니다.

　그래서 어떤 이는 반복적인 배신을 당해도 눈을 뜰 수 없습니다. 자신을 보호하기 위해 침묵한다고 생각하지만 그 침묵은 자신에게 더 큰 상처를 남긴다는 사실조차 모르는 경우가 많죠. 부모에게 학대당하는 아이가 학대하는 부모 곁에 있는 것이 그들을 잃는 것보다 차라리 안전하다고 생각하는 이치와 비슷합니다. 20년, 30년이 지난 후에도 그 순간들이 나 혼자만 아는 상처이기에 점점 내면으로만 더 깊게 파고들어 멍이 들고 곪아 가더라도 말이죠.

믿었던 가족에게 학대당하고 버려진 아이들, 모시던 상관에게 상습적인 폭행과 폭언을 당해왔던 직원, 고객의 갑질로 생존이 위태로운 중소기업, 배우자의 외도 사실을 알게 된 부부 등 누구에게나 배신의 순간은 내 안으로 묻어 버리고 싶은 일, 아무에게도 알리고 싶지 않은 일인 것입니다.

배신은 개인의 문제만이 아닙니다. 우리는 노력 여부와 능력보다 부모의 지위가 미래를 결정한다는 생각이 점점 강해지는 시대에 살고 있습니다. 핑크빛 희망을 담은 자기계발서의 판매량이 줄고, '금수저'와 '흙수저'로 나누어 신세를 한탄합니다. 격해진 감정은 '헬조선', '노답사회', '혐오', '벌레'와 같이 무서운 단어들에 묻어납니다. 노력해도 성취할 수 없는 사회라고 부르짖는 사람들의 감정 속에도 배신이 담겨 있습니다.

"착실하게 살면 삶이 나아지는 건가요?"라고 묻는 청년들에게 기성세대들은 뭐라고 대답을 해 주어야 할까요. "이생망(이번 생은 망했다)"이라고 말하면서 연애, 결혼, 출산도 포기하는 청년들에게 뭐라고 응원을 해 주어야 할까요.

인도의 영적 지도자, 오쇼 라즈니쉬의 '역효과의 법칙'에 대한 재미있는 이야기 속에서 힌트를 찾아볼 수 있을 것 같습니다.

한 사람이 아무도 없는 넓은 길에서 자전거를 배우려고 합니다. 그 길가에 붉은색의 작은 이정표 하나가 서 있는데, 자전거를 배우려는 사람은 문득 그 이정표에 부딪칠까 두려워지기 시작했습니다. 길이 넓어서 눈을 감고도 이정표에 부딪치기가 쉽지 않은데, 두려움이 너무 커져서 그의 눈에는 이정표만 보입니다. 자전거에 올라탄 그는 자꾸 이정표를 향해 갑니다. 이정표에 부딪치는 일만은 하지 말아야 한다고 다짐할수록 넓은 길은 보이지 않고 이정표만 크게 느껴져서 결국 그는 이정표와 부딪치고 맙니다.

어쩌면 배신은 이야기 속에 등장하는 붉은색 작은 이정표와 같습니다. 누군가로부터 배신당할 가능성은 인생이라는 큰 길가 주변에 자그맣게 자리하고 있지요. 그럼에도 우리는 한번의 배신으로 인생 전체를 비관합니다. 사람과 사회 속에서 살아가야 함에도 삶 자체를 배신의 연속으로 바라보며 부딪치기 싫다는 이유로 인생의 자전거에서 내려 주저앉고 맙니다.

작년, 갓 입사한 신입직원과 면담하면서 그가 어릴 적 겪었던 혼란을 고스란히 들은 적이 있습니다. 면담을 시작하고 얼마 되지 않아 가족에게 받았던 상처를 이야기하는 모습에 놀랐죠. 이제는 트라우마에서 많이 벗어났고 끝까지 털어 내기 위해 계속 노력하겠다는 얘기도 하더군요. 온화한 분위기를 유지하면서 겪었던 배신에 대해 이야기할 줄 아는 그 젊은 친구가 얼마나 용감하고 의젓해 보였는지 모릅니다.

고립과 절망에서 벗어나 당신의 삶에서 친밀한 관계를 통해 위로를 받으십시오. 배신을 경험했지만 자신의 이야기를 털어 낼 수 있다면 당신은 희망을 가지고 삶을 다시 바라볼 수 있습니다. 받아들이고 이야기하는 것만으로도 마음속 생채기의 치료가 시작됩니다. 세상살이가 아주 힘들어도 내 편이 하나 있으면 살아지는 게 또 인생 아닐까요.

29

월화수목금금금, 회전의자에서 떠날 수 있을까요

제대로 떠나는 방법

나는 언제나 이국異國의 어느 도시에
아무 가진 것 없이 홀로 도착하는 것을 꿈꾸었다.
장 그르니에_프랑스의 소설가

긴 해외 출장에서 이제야 돌아왔습니다. 미국에서 중국까지 근 한 달간 컨퍼런스를 참여하고, 벤치마킹 차원에서 해외 기업을 방문했죠. 그런데 새로운 자극을 너무 많이 받아서 소화불량입니다. 가기 전날까지 다른 일로 뛰어다니다가 비행기에서 출장 스케줄을 들여다보고 쫓기듯이 다녔네요. 머리를 좀 식히고 싶었는데 더 복잡해졌습니다.

사장 자리에 앉고부터는 365일 연중 무휴로 일하는 것 같아요. 지난 8년간 그랬지만 앞으로도 마침표나 쉼표가 있을 것 같지 않아 두렵습니다.

오늘의 여행자들은 끊임없이 떠나면서도 제집 속에 들어앉아 있고 싶어 합니다. 움직이는 동안에도 정착하는 사람들은 프랑스의 유명시인인 프랑시스 퐁주가 관심 있게 관찰하고 표현한 달팽이의 모습과 닮아 있더군요.

도대체 저의 껍질 속에서 일단 몸을 빼낸 후 움직이지 않는 달팽이를 우리는 생각할 수 없다. 휴식을 취하려 하자마자 그는 제 속으로 들어가 버린다. 부끄러움 때문에 그는 제 벗은 몸을 내보이는 순간부터 움직이지 않을 수 없다. 상하기 쉬운 저의 몸을 내보이는 순간 그는 움직이기 시작한다. 자기를 드러내는 순간 그는 도망간다.

달팽이는 껍질 속에서 나오면 줄곧 움직입니다. 위험을 피하기 위해 도망가는 것이지요. 우리처럼 떠남에 대한 교육을 받은 적이 없기 때문이기도 하겠구나 싶습니다. 누구에게나 떠남은 첫 경험입니다.

일상의 전부가 아닌 몇 가지만을 추려서 떠나는 것은 불안을 자아내죠. 야영을 준비하는 보이 스카우트의 가방처럼 겉에는 수많은 버클과 지퍼가 달려 있고 크고 작은 주머니들 속에 온갖 물건이 가득 차 있어야 그나마 안심이 됩니다. 배낭 회사 입장에서 보면 마치 걸어 다니는 옥외광고판 같다는 생각이 듭니다.

모두에게는 짐을 줄일 수 없는 충분한 이유가 있습니다. 특히 리더의 자리에서 떠나는 사람이라면 일행을 책임지기 위해 그 많은 짐 모두가 필요하다고 생각합니다. 유비무환이야말로 일어날 수 있는 모든 걱정에 대비한다는 명목으로 신봉할 만한 가치라고 여겨지죠.

그러나 떠남을 위해 정작 필요한 것들은 생각보다 적습니다. 손가락으로 셀 수 있을 만큼 줄일 수도 있습니다. 식기용품, 가위, 칼, 나침반, 망원경, 지도, 필기도구, 각종 옷가지, 응급약……. 떠나기 위해서는 전부 필요한 것 같지만 그건 착각입니다. 스위스의 철학자 칼 융의 말에서도 그 이유가 보이더군요.

인생의 아침 프로그램에 따라 인생의 오후를 살 수는 없다. 아침에는 위대했던 것들이 오후에는 보잘것없어지고, 아침에 진리였던 것이 오후에는 거짓이 될 수 있기 때문이다.

제대로 된 떠남은 한 사람의 삶을 통째 흔들 수 있습니다. 껍데기를 추리고 알곡만 남기는 변혁의 작업이 되기도 합니다. 떠남을 통해 우리는 사람이 행복해지는 데 필요한 것이 그리 많지 않다는 것을 알게 됩니다. 또 이것 없이는, 저것 없이는 살아갈 수 없을 것 같던 삶에서 우선순위가 고스란히 수면 위로 드러납니다.

"당신을 행복하게 해 주는 것이 무엇입니까?"
"당신이 지금 당장 집중해야 하는 가장 중요한 일이 무엇입니까?"
이 질문에 떠오르는 한두 가지 것들만 챙겨도 충분히 당신은 떠날 수 있습니다.
그러기 위해서는 인생에서 무엇이 가장 중요한지 추려내기 위한 중기적 시간이 필요합니다. 1년에 한두 번 일주일 동안 일상적인 일에서 벗어나 한 가지 아이디어에 집중하는 경영자들의 행동

속에서 도움을 얻을 수 있을 것 같네요. '생각 주간^Think Week'을 갖는 경영자, 빌 게이츠의 얘기입니다.

그는 1년에 두 번, 자신의 저택이 아닌 별장으로 은둔해 마이크로소프트의 미래 전략과 아이디어를 연구합니다. 일주일 남짓한 이 기간 동안 마이크로소프트 직원은 물론 가족이 방문하는 것도 거절한 채 홀로 정보기술 업계 동향이나 새로운 아이디어를 담은 보고서를 읽고 생각을 정리하는 것으로 알려져 있죠. 이곳에서 그는 직원들이 작성한 보고서를 검토하면서 혁신이나 창조경영이 가능한 아이디어를 찾는 데만 몰두합니다. 눈에 띄는 아이디어를 발견하면 이메일을 통해 담당자와 의견을 주고받기도 합니다.

한국에도 이런 경영자는 있습니다. 출판사 휴머니스트의 김학원 사장은 1년에 두세 번씩 지리산으로 들어가서 그만의 생각 주간을 갖습니다. 제대로 떠나겠다는 의지로 단식원에 들어가죠. 속을 비우는 의식을 통해 집중도를 높입니다. 때로는 엉망이 된 것처럼 보이는 일의 실마리를 풀기 위해 단호해져야 한다고 각오를 다집니다. 그가 가져가는 것은 노트북과 책 몇 권, 필기구, 메모지가 전부라고 하더군요. 자신의 마음을 경청하고 정리하면서 스스로 혁명하는 시간을 갖기 위해 그는 정기적으로 여행을 떠납니다.

제대로 떠나는 것, 그것을 통해 내 인생의 알곡이 무엇인지 드러난다면 당신은 행복에 가까워질 수 있습니다. 인생이 예상하지 못한 일과 마주하고, 때로는 두려운 순간이 다가오더라도 익숙한 삶의 풍경들을 내어놓는 용기를 통해 행복의 우선순위를 추려 볼 수 있습니다.

떠남은 마지막 소유가 무엇인지에 대한 답을 내릴 수 있는 기회를 줍니다. 행복의 의미를 가져다줄 그 공간에 도착하기까지 수년이 걸릴지도 모르지만, 제대로 떠나겠다는 용기를 낸다면 만날 수 있을 것입니다.

1년을 하루 같이 신나게 지낼 수 있는 행복한 삶. 이를 위해 가끔은 떠남으로 생소한 공간에서 당신의 속내를 풀어 보면 어떨까요? 한 조직의 사장으로 또 가장으로 버거운 삶을 살고 있는 사장님께도 가장 큰 의무는 바로 행복한 삶을 살아야 한다는 것이니까요.

30

사람들 사이에서 진정으로 행복해지고 싶습니다

공동체를 위하여

매일 당신과 동행하는 이웃의 길 위에
한 송이 꽃을 뿌려 놓을 줄 안다면,
지상의 길은 기쁨으로 가득찰 것이다.
출처 불명

지난주 직원의 가족에게서 전화를 받았습니다. 한 달 전부
터 무단결근을 했던 임원의 사체가 한강에서 발견되었다는
얘기를 전하더군요. 안타까운 그의 죽음 앞에 저와 직원들
은 며칠간 지독한 심적 몸살을 앓았습니다. 전문성과 인품
을 함께 갖춘 사람, 그를 따르는 동료들도 참 많았으니까요.
그렇게 그 친구와 저는 자주 보고 깊은 의견을 나누며 서로
를 의지하는 사이라고 생각했습니다. 제 착각이었죠. 그의
삶이 안녕하지 못하다는 사실을 눈치조차 채지 못했다는 것
이 저를 더 힘들게 합니다.

"당신의 삶은 안녕하신가요?"

작은 고민 없이 살아가는 사람이 흔하진 않겠지만, 죽음으로 몰고 갈 만큼 버거운 짐을 졌을 그분의 사연에 제 마음도 아립니다. 가장 가까운 동료에게조차 털어놓지 못하고 사라져 버렸다는 그 소식에 사람과 사람이 섬처럼 고립되어 간다는 생각도 들더군요.

반면 사람과 사람이 여전히 끈끈한 연결고리를 가지고 있는 나라가 있습니다. 고아나 노숙자가 없는 나라, 부탄입니다. 부탄은 강대국도 자원 부국도 아니지만 국민의 91.2퍼센트가 "행복하냐고요? 네, 저는 안녕히 잘살고 있습니다"라고 대답하는 나라입니다. 여성보다는 남성이, 시골보다는 도시에 거주하는 사람들이 더 행복하다는 그들의 결과를 보면서 제 주변의 중년 도시 남성들이 생각나더군요. 부탄이 한없이 부러웠던 기억이 있습니다.

고아나 노숙자가 없고 국민 대부분이 행복한 나라, 그 비결은 무엇일까 들여다보니 여럿이 모여 사는 데 비결이 있었습니다. 그들은 할아버지, 할머니를 모시고 사는 것은 물론 형제자매들이 결혼을 해도 우리나라의 대가족 형태를 확장해 가면서 모두 한 집에서 삽니다. 때로 이혼하는 부부가 생겨도 아이에게는 여전히 가족이 많기 때문에 외로운 고아가 될 확률이 거의 없습니다. 또 한 사람이 직업을 잃거나 큰 실패에 직면하더라도 그 삶의 무게를 대가족의 구성원들이 조금씩 나눕니다. 그렇게 부모를 잃은 아이도, 큰 시련을 당한 성인도 의연하고 밝은 가족들을 보면서 여전히 씩씩하게 일어설 수 있는 용기를 얻는 구조였습니다.

주변인이 위기에 처했을 때 굳세게 위기를 넘길 수 있는 힘이 되어 주는 공동체, 넘어졌을 때 일어설 수 있는 힘을 주는 공동체가 곁에 있다면 얼마나 든든할까요. 위기의 순간에 공동체에게서 힘을 얻는 사람은 또 다른 위기의 주변인을 돕는 일에 마음과 소유를 더하게 될 테니 말입니다.

기업들도 이제 공동체에 기여하는 사람을 원합니다. 변화의 흐름이 '인성이 곧 실력'이라는 말로 표현되고 있죠. "집에서나 회사에서나 이기적인 요즘 친구들을 보면서 아쉬움이 크다"라는 사장님들의 하소연도 많은 지지를 얻습니다. 재능과 함께 공동체적 미덕을 원하는 것이지요.

공손함, 친절함, 사려 깊음, 양보, 명예, 진정성과 같은 미덕들을 좀 챙겼으면 하는 마음은 구체적인 니즈로 진화하고 있습니다. 공동체적 미덕을 갖춘 이들은 주변 사람들이 사랑하고 박수를 보냅니다. 설명하기 힘들고 모호한 말들이지만 이러한 미덕이 우리 인생과 공동체를 행복하고 풍요롭게 한다는 사실을 부인할 수 없죠.

재능을 가진 이기적인 사람들의 발자취는 역사 속에서도 찾아볼 수 있습니다. 히틀러의 선전관이자 선동가였던 괴벨스 같은 사람을 한번 보십시오. 괴벨스는 언어지능이 누구보다 뛰어났지만, 그 능력을 희대의 독재자이며 살인자인 히틀러의 연설문을 작성하는 데 씁니다. 결국 괴벨스의 능력은 전 세계에 비극적인 결과를 남기고 말았죠. 괴벨스와 비교되는 인물은 독일의 대문호, 괴테입니다. 잘 알려졌듯 그의 비범한 언어 능력은 인류의 위대한 문학가로서 족적을 남깁니다.

괴벨스와 괴테가 같은 재능으로 전혀 다른 삶을 살았던 이유는 무엇일까요?

하버드대학교의 교육심리학과 교수인 하워드 가드너를 중심으로 한 세계의 교육 전문가들은 괴벨스와 괴테의 차이를 9번째 지능인 실존지능에서 찾고 있습니다. 1980년대 '지능은 IQ다'라는 명제를 뒤집은 가드너. 다중지능이론에서 그는 언어, 음악, 논리수학, 공간, 신체 운동, 인간친화, 자기성찰, 자연친화의 8가지 지능을 언급합니다.

최근 추가된 9번째 실존지능은 '삶의 근본적인 의미를 추구하는 지능'으로 설명됩니다. 9번째 지능은 어떻게 자신의 재능을 쓸 것인지, 어떤 삶을 살 것인지, 그 방향을 결정하는 지능인 것입니다. 9번째 지능이 발달한 사람들은 인생에 대해 깊고 다양한 질문을 스스로 던지며 그 해답을 찾아가는 능력이 뛰어납니다. 나보다 우리를, 성공보다 가치를 지켜내는 태도를 가지고 있죠. 어떤 이가 '나'의 성공을 향해 달려갈 때, 또 어떤 이는 '우리'를 생각하며 가치 있는 선택을 하는 것이죠.

《9번째 지능》이라는 책에는 뉴욕에서 성공한 디자이너로 살았던 배상민 교수의 사연이 등장합니다. 그는 인생의 중년에 이르러 삶의 공허함을 느꼈고 자신의 내면을 맴도는 질문을 붙잡았다고 고백합니다. "어떻게 사는 삶이 바르게 사는 삶인가"라는 질문을 스스로 던지고 자신의 재능을 개인만의 성공이 아닌 다른 차원으로 이끌기 위해 삶의 방향을 바꾸었음을 이야기했습니다.

사장님은 당신의 재능으로 어떤 삶을 살고 계십니까? 직원들과 자녀들은 어떤 삶을 살아야 한다고 조언해 주고 있습니까? 9번째 지능을 끌어내고 싶다면 재능 자체만을 칭찬할 것이 아니라, 공동체를 위해 그 재능을 어떻게 쓸 것인가에 대한 질문을 가족에게, 직원들에게 던져야 합니다.

이를테면 음악적 재능이 있는 아이에게 "피아노를 잘 치는구나"라는 칭찬을 넘어, "네 피아노 소리를 사람들이 들으면 위로가 될 텐데, 그런 기회가 있으면 좋겠다. 네 생각은 어때?"라고 물어보는 것이지요. 어쩌면 세상을 더 좋은 곳으로 만드는 최고의 방법은 대가들의 큰 혁신이 아닐지도 모릅니다. 나의 재능, 주변인들의 재능이 조금씩 나보다 우리를 향하는 기적이 벌어진다면 평범한 남편, 평범한 엄마, 평범한 이웃이 모여서 살맛 나는 세상을 이룰 것입니다.

한 사람이 사회에 기여하는 바는 미미할 수 있지만, 재능을 기반으로 세상에 널리 퍼지는 선이 다른 사람들과 연결되면 세상은 진화할 수 있습니다. 누군가는 성공하고 누군가는 그렇지 못할 수도 있습니다. 그러나 분명한 것은 늘 성공할 수 없더라도 늘 배울 수 있다는 것이죠. 성공할 수 없었을 때 공동체 안에서 위로를 받고 다시 일어설 수 있는 기반을 마련해 나가길 바랍니다. 영원히 낙오하는 사람은 없을 겁니다. 타인과 함께, 타인을 통해서 협력할 때에야 비로소 위대한 것이 탄생하니까요.

당신의 조직은 우리를 위해 어떤 기여를 할 수 있나요? 더 근본적인 의미를 추구하면서 당신과 당신의 조직이 가진 재능을 공동체를 위해 발휘하겠다는 다짐을 해 보는 건 어떨까요. 사장님의 쓸쓸한 마음에 정서적 충만함이 찾아올 것입니다.

31

평생을 가는 벗, 어떻게 얻을 수 있을까요

나와의 우정

제자들이여, 나는 앞으로 혼자가 된다.
자네들도 지금 가는 게 좋아.
모두 혼자가 되라. 나는 그것을 바라노라.
프리드리히 니체

나이가 들어가면서 제 주변에는 이해관계로 얽힌 사람들만 넘쳐 나는 것 같습니다. 나가도 헛헛한 모임, 만나도 그때뿐인 사람들과 시간을 보내는 일도 이제는 줄여야겠다는 생각이 듭니다. 에너지를 충전하기는커녕 방전이 되어 돌아오는 저를 볼 때마다 그런 생각이 강해지네요. 그렇다고 사무실에서만 있을 수도 없으니, 즐겁게 임하고 에너지를 얻을 수 있는 방법이 뭐가 있을지 찾아보고 싶습니다.

"나를 조탁彫琢하고 싶다."

얼마 전, 10년 후부터 보석세공사로 생계를 꾸리고 싶다는 친구의 바람을 접한 적이 있습니다. 조탁은 보석과 같이 단단한 것을 새기거나 쫀다는 뜻이지만, 자신을 조탁하고 싶다는 친구의 말은 내면으로 최대한 깊숙이 들어가고 싶다는 바람을 담고 있었습니다. 닦거나 새기는 행위에 집중해서 잡념을 버리고 자기 안에서 위로를 생산할 수 있으리라는 바람도 함께 담겨 있었죠.

심리학자 가와이 하야오의 책 《어른의 우정》에는 실제로 조탁의 효과를 담은 일화가 실려 있습니다.

금슬이 유난히 좋던 한 노부부가 있었습니다. 남편은 아내를 먼저 떠나보낸 뒤 누구라도 한눈에 알아볼 만큼 기력이 쇠하고 얼굴빛이 어두워졌습니다. 자식들이 아무리 함께 살자고 해도 싫다며 고집을 부렸죠. 이대로 두었다가는 큰일 나겠다고 다들 걱정했지만, 그는 자식들의 걱정을 뒤로하고 '돌 닦기'를 시작했습니다. 그리고 신기하게도 돌 닦기를 하면서 잃었던 생기를 되찾아 갔습니다.

그저 집중해서 돌을 닦다 보면 뜻하지 않은 멋진 작품이 되었습니다. 그것을 자식과 손주들에게 보여 줄 때는 어찌나 뿌듯한 마음이 드는지, 그때 그의 눈은 빛났고, 말도 평소보다 훨씬 또렷했습니다. 그는 돌이라는 친구를 발견함으로써 살아갈 힘을 얻었던 것입니다.

친구는 밖에만 있는 것이 아닙니다. 외부에서, 사람들과의 관계 속에서만 에너지를 얻는다고 생각하는 사람들은 나와의 우정, 그 진가를 모르는 사람들이지요. 혼자 있는 시간은 심심하고 고독할 뿐이라고 얘기하지만, 고독을 품더라도 고립되지 않는 방법이 바로 자신과의 우정을 쌓는 것입니다.

20세기를 대표하는 디자이너, 코코 샤넬 역시 자신과의 우정으로 에너지를 얻었던 사람이었습니다. 그녀는 방 한가운데 거울을 두고 살았습니다. 물론 거울로 패션이나 외모도 체크했겠지만 그녀에게 거울 보기는 자신과의 대화를 의미했습니다. 그녀는 철학적인 것을 좋아해서 자신을 돌이켜 볼 수 있는 독서를 무척이나 중요하게 생각했죠. 혼자 있는 시간 동안 내면을 바라보기 위해 다양한 방법을 활용했습니다.

샤넬처럼 자신과 마주하는 시간을 중요하게 생각하는 사람은 마음 깊은 곳에 고독이 있다는 것을 알고 있습니다. 부유한 실업가 아더카펠, 러시아의 드미트리 대공, 영국의 웨스트민스터 공작 등 여러 명의 남성과 교제했고, 스트라빈스키나 장 콕토, 피카소 등과 폭넓은 교우 관계를 맺었지만, 그녀는 혼자 있는 시간과 더욱 친숙했습니다.

그녀는 고독을 품고 있었지만 고립되지 않았습니다. 누군가와 같이 있으면 무의식적으로 상대와 맞추었지만, 혼자 있는 시간은 전혀 성가시지 않은 하나뿐인 친구와의 독대였습니다. 밖에서 얻지 못하는 새로운 즐거움을 얻는 그 시간이 좋았습니다. 주변 사람들과 밝게 지낼 수 있는 성격으로 자랐지만 혼자가 되고 싶을 때는 단호하게 "혼자 있고 싶으니까 그만 돌아가 주지 않을래요?"라고 말하는 사람이었습니다.

우리는 사람들과 어울리더라도 사람들 속에서 고독함을 느낍니다. 여럿이지만 혼자인 듯 외로울 때가 많지요. 모두와 잘 지내기 위해 노력하는 열정 대신 혼자만의 시간을 통해 깊어지는 과정을 응원하십시오. 오롯이 혼자만의 시간을 갖기 어려운 세상이지만 평소 생활 속에서 조금씩 고독을 받아들이는 연습을 해볼 수 있습니다.

때로는 혼자서만 도달할 수 있는 지점으로 깊숙이 들어가 보십시오. 고독한 시기에 자신을 단련해 본 경험이 있는 사람은 외로움을 넘어 혼자만의 시간에서 즐거움과 위로를 얻을 수 있습니다. 혼자 있는 시간을 피할수록 인간은 더 외로워집니다. 고독을 다루는 자신만의 기술을 습득한다면 그 시간을 통해 삶은 더 풍성해질 것입니다.

32

멀어진 가족 사이,
편안하게
가까워지고 싶습니다

후회 없는 안녕

사람들은 피가 물보다 진하다고 말하지.
아마 그렇기 때문에 남에게 쏟는 것보다도
더 많은 에너지와 열정으로 가족과 싸우는 걸 거야.

데이비드 아셀_칠레의 기업가

얼마 전 어릴 적 친구들을 만났습니다. 40~50줄에 들어선 친구, 선배들과 중년 남성의 위기에 대해 이야기를 나눴죠. 이야기의 핵심은 한국에서 중년 남성은 너무나 외롭고 불쌍하다는 것이었습니다. 나이가 들어가면서 의지할 사람보다 적이 많아진 현실은 외로움이 커진 가장 큰 이유더군요. 조직 내에서는 앞뒤가 꽉 막힌 상사로 낙인이 찍히고, 또 반면엔 성과를 내야 한다는 강력한 압박에 시달리는 중간관리자이기도 한 우리. 가정에서도 환영받지 못한다는 부분에서는 친구들의 한숨이 쏟아졌습니다.

고령의 부모님, 성장한 자녀들의 양육을 위한 경제적 부담은 나날이 늘어 가는데 반겨 줄 사람은 정작 없더군요. 열심히 산다는 핑계로 챙기지 못했던 가족들의 섭섭함이 굳어져 손을 쓸 수 없다는 얘기는 마치 제 얘기 같았습니다. 집에 들어갈 맛이 안 나는 요즘, 가족과의 거리를 좁힐 수는 없을까요?

"오늘 회사에서 뭐 했어?"

"음, 우리 아들 생각했지. 하루 종일."

조금씩 대화가 되던 때부터 아들이 제일 좋아하는 대화입니다. 아이와 저는 오늘도 하루 종일 떨어진 채 지냈지만, 이 대화를 통해 위로를 받습니다. 사실 이 대화는 저의 유년시절, 아버지와의 대화이기도 했습니다.

군에서 낙하산 정비 기술자로 오래 계셨던 아버지는 제 초등학교 입학 선물로 가방을 만들어 주셨습니다. 국방색 낙하산 천으로 만들어진 보조 가방과 신발 주머니. 색깔도 모양도 투박해서 안 들고 다니겠다고 아버지에게 떼를 썼지만 내 이름과 아버지의 이름이 나란히 쓰여 있는 것을 보는 순간 제 마음은 바뀌었습니다. 오렌지색 형광빛 실로 새겨진 아버지와 저의 이름을 지금도 잊을 수 없습니다.

"이 가방 보면서 아빠 생각해라. 아빠도 하루 종일 우리 딸 생각할게" 하셨던 아버지. 그 말을 듣고 나서는 신기하게도 아빠와 함께 학교에 다니는 것 같았습니다. 받아쓰기에서 백 점을 맞던 날, 운동회 연습을 하며 달리기에서 넘어졌던 날, 단짝 친구가 전학 가던 날에도 아빠에게 말하듯 저는 가방을 보며 기쁜 마음, 슬픈 마음을 다 표현할 수 있었습니다.

늘 친구처럼 곁에 계셨던 아버지는 제가 군 생활을 시작한 다음 해 교통사고로 돌아가셨습니다. 임종 때 아버지의 모습은 자동차와 자전거의 충돌 사고라는 것을 믿을 수 없을 정도로 깨끗한 얼굴과 평화로운 표정이었습니다. 아들, 딸과 함께 자전거를 타고 주말 동네를 한 바퀴 돌 듯 아버지는 그렇게 편안한 모습으로 가셨습니다. 잠시 세상에 소풍을 왔다가 이제는 하늘로 돌아가노라 고백하던 천상병 시인의˙ 시 구절처럼 말이죠.

나 하늘로 돌아가리라.
아름다운 이 세상 소풍 끝내는 날,
가서, 아름다웠더라고 말하리라…….

〈귀천〉이라는 시를 쓴 천상병 시인은 삶을 소풍에 비유합니다. 그는 전도유망한 시인이자 선배들의 시를 가감 없이 깨던 청년 평론가이며, 한 사건으로 삶이 완전히 망가지게 된 비운의 주인공이기도 했습니다.

1971년 7월의 어느 날 친한 문인들과 술을 마신 후 사라진 천상병 시인. 죽은 줄로만 알았던 그는 동베를린 사건에 연루되었습니다. 유럽의 유학생과 교민들이 동베를린 주재 북한대사관을 방문하고 평양을 왕래하며 간첩 행위를 했다는 중앙정보부의 주장에 따라 이응로 화백, 윤이상 작곡가 등과 함께 천상병 시인도 연루자 명단에 이름을 올리고, 연행되어 모진 고문을 당했습니다. 6개월 후 선고유예로 석방되었지만 그의 몸과 정신은 한없이 미약해졌습니다.

이후에는 인사동에서 선배와 동료 시인들에게 구걸을 하며 막걸리 한 잔으로 하루하루를 보내면서 고통스러운 삶을 마무리합니다. 천재의 삶이 한순간에 완전히 망가졌지만 그는 세상을 조금도 원망하지 않습니다. 심지어 '세상이 아름다웠노라', '내 인생은 소풍 같았노라'라고 고백합니다.

저는 아버지의 죽음을 바라보면서 가족에 대한 마음가짐을 통째로 바꾸었습니다. 특히 엄마에 대한 마음가짐이 그랬죠. 늘 희생하는 아버지에 비해 엄마는 자유롭고 이기적인 사람이라고 생각했던 시절이 있지만, 아버지가 안 계신 지금 엄마는 아버지가 남기고 간 저의 숙제였습니다. 아버지처럼 홀연히 내 곁을 떠날지 모를 엄마에게 더 늦기 전에 제대로 된 딸 노릇을 하고 싶었습니다.

일중독이었던 딸이 엄마를 제대로 바라보기 시작했습니다. 살갑지 않은 성격의 자식이었지만 가끔은 문자로 안부를 전하고, 한 달에 한 번은 남대문 시장에서 만나 데이트도 했습니다. 길가 상점에서 같이 가락국수를 사 먹고, 엄마가 안내하는 길을 따라다니며 이것저것 구경하고 옷을 사 드리기도 했던, 엄마가 제일 좋아하는 데이트 코스였죠. 엄마와 허물없이 지내는 상인 분께 저를 소개하는 엄마는 정말 행복해 보였습니다. 엄마와 나 사이에 크게 화를 낼 일도 못 들어줄 얘기도 없다는 것을 그제야 깨닫고는 얼마나 다행스럽던지요.

아버지를 보내고 그 흔적을 정리하면서 철없던 자식은 조금씩 후회를 줄이고 변해 갑니다. 유난히 맘이 맞지 않는 가족, 내 속을 몰라주는 가족이 있기 마련이지만 그 사람과 지금 헤어진 다면 어떤 후회를 하게 될까요? 그 후회를 줄일 수 있는 방법을 내 손에 쥐고 모른다고 부인하고 있지는 않은지 매순간 반성이 되었습니다.

언제 찾아올지 모를 가족과의 이별. 지금부터라도 후회를 줄여 보십시오. 아직은 만회할 시간이 남아 있으니까요. 내 마음이 변하면 가족의 마음도 돌아섭니다. 시간이 걸리더라도 내 삶의 후회를 줄일 수 있는 일은 당신에게서 시작될 수 있음을 기억하기 바랍니다.

당신의 경영과 인생이
해피엔딩이 되길
응원하며

"인생에서 매 순간은 항상 처음이라 어설프고 서툴더라"라는 일흔 살을 넘긴 베테랑 배우 윤여정 씨의 인터뷰를 보면서 저는 큰 위로를 얻었습니다. 꽤 긴 세월을 살았음에도 인생 속 수많은 모퉁이를 돌 때마다 스스로가 아마추어로 느껴졌다는 묵직한 고백을, 어쩌면 그녀는 그렇게 편안한 얼굴로 전할 수 있을까요. 한 고비 넘어 또 다른 고비를 만나는 제 인생도 이 길을 무던히 걸어 그녀처럼 편안한 얼굴과 의연함을 가진 일흔을 맞이할 수 있기를 기대해 봅니다.

우리 주변에는 일흔의 나이를 여전히 건강하게 맞이하는 분들이 있습니다. 백세 시대에서 일흔은 오히려 청춘이라고 외치는 분들도 계시죠. 그럼에도 사람은 노화, 질병, 죽음으로부터 자유로울 수 없습니다. 존재 자체가 이미 그것들을 포함하기 때문입니다. 태어날 때부터 죽음을 향해 쉼 없이 걸어가는 셈입니다.

진짜 건강한 삶을 살아가는 사람들은 죽음에 맞서거나, 늙지 않기 위해 노력하는 사람들이 아닐지도 모릅니다. 늘 죽음을 염두에 두고 후회 없이 살려고 노력하는 이들을 볼 때 마음의 울림이 더 커집니다.

"'당신의 온몸에 종양이 번졌습니다'라는 말을 듣고 나는 마음이 너무나도 편했다. 여전히 나는 자유롭고 충만하다."

퇴임 후 세계 평화의 전도사로 국제 사회의 평화와 안정 회복에 크게 기여한 미국의 39대 대통령 지미 카터의 말입니다. 사는 동안 늘 염두에 두었던 죽음의 순간이 나에게 조금 더 긴밀하게 다가온 일은 자연스러운 과정이라고 받아들이는 그의 모습에서 인생의 해피엔딩을 위한 삶의 자세를 엿볼 수 있습니다.

사장의 자리에서 오늘도 고군분투하고 계신 당신.
당신은 인생의 해피엔딩을 위해 어떤 삶을 살고 있습니까.

청년 시절 열정과 소신으로 사업을 시작했지만
중년에 들어서면서 조금씩 초심이 흐려질 때,
세상에 휘둘리고 돈에 휘둘려 단순한 장사꾼이 되는 것이
차라리 마음 편하겠다는 생각이 자신을 흔들 때,
유혹을 물리치고 다시 삶의 중심을 잡기 위해
여러분은 어떤 시도를 하고 계신가요?

저는 이 책을 통해 흔들리더라도 다시 본인다운 출발선 위에
서기 위해 노력하는 여러분을 돕고 싶었습니다. 스스로 질문하고
대답하며 인생과 경영의 전열을 가다듬을 수 있는 시간을 드리
고 싶었습니다.

당신은 평범하지만, 또 위대합니다. 애초의 계획에서 벗어나
는 변수가 생기거나, 갑작스럽게 타인이 내 삶에 시비를 걸어올
때도 마음을 이내 다잡는 힘을 키울 수 있다면 그 위대함은 자신

을 넘어 조직 전체, 사회 전체로 확산될 수 있습니다. 평온함 속에서 자신의 생각이 자유롭게 싹트고 가지를 뻗고 뿌리를 내리도록 돕는 일이 당신을 더 위대하게 만들 것입니다.

사장이라는 자리에서 어깨가 무거운 당신을 구할 수 있는 것은 자신뿐입니다. 최근 당신의 마음속 평온함을 빼앗긴 일이 있었다면 아래의 문장을 곱씹어 보시길 바랍니다.

당신의 중심을 바로잡을 수 있는 사람,
마음을 평온한 상태로 되돌릴 수 있는 사람은
바로 당신뿐입니다.

누구도 그 외로움을 짐작할 수 없는

사장이라는 자리

1판 1쇄 인쇄 2016년 11월 30일
1판 1쇄 발행 2016년 12월 7일

지은이 유선영
펴낸이 고영수

경영기획 이사 고병욱
기획편집1실장 김성수 **책임편집** 장지연 **기획편집** 윤현주 이은혜
마케팅 이일권 이석원 김재욱 곽태영 김은지 **디자인** 공희 진미나 김경리 **외서기획** 엄정빈
제작 김기창 **관리** 주동은 조재언 신현민 **총무** 문준기 노재경 송민진

교정 최창욱

펴낸곳 청림출판(주)
등록 제1989-000026호

본사 06048 서울시 강남구 도산대로 38길 11 청림출판(주) (논현동 63)
제2사옥 10881 경기도 파주시 회동길 173 청림아트스페이스 (문발동 518-6)
전화 02-546-4341 **팩스** 02-546-8053
홈페이지 www.chungrim.com
이메일 crl@chungrim.com
블로그 blog.naver.com/chungrimpub
페이스북 www.facebook.com/chungrimpub

ISBN 978-89-352-1139-5 (03320)